KB202166

복 있는 사람

오직 여호와의 율법을 즐거워하여 그 율법을 주야로 묵상하는 자로다.
저는 시냇가에 심은 나무가 시절을 좇아 과실을 맺으며 그 잎사귀가 마르지 아니함 같으니
그 행사가 다 형통하리로다. (시편 1:2-3)

본질과 내용의 회복을 간절히 필요로 하는 조국 교회에 「오늘을 위한 퓨리턴」 시리즈가 연속하여 출간된다는 소식을 들으니 너무나 감사하고 기쁘다. 전심으로 하나님을 사랑하고 그분의 말씀인 성경을 삶으로 살아내고 순종하려 했던 귀한 청교도들의 삶과 가르침은 오늘의 교회를 위한 귀한 길라잡이 역할을 할 것으로 믿어 의심치 않는다. 과거에 살았던 청교도들의 삶과 교훈은 다름 아닌 오늘 우리를 위한 것이므로 「오늘을 위한 퓨리턴」 시리즈를 적극적으로 추천하여 모두가 가까이하여 읽기를 기대한다.

화종부 남서울교회 담임목사

더할 나위 없이 좋은 책이다. 플라벨의 『슬픔』을 읽으며, 나는 이 책을 주신 하나님을 찬송하였다. 흔히들 청교도라면 엄격한 경건의 규칙을 연상하지만, 청교도는 오직 그리스도의 은혜 안에 깊이 들어가 하나님의 위로만을 소망과 기쁨으로 삼고 살아가는 참된 경건의 사람들이다. 이 책은, 사람이 사나 죽으나 위로가 되는 단 하나의 사실은 내 몸과 영혼이 예수 그리스도의 것이라는 하이델베르크 교리문답 제1문항의 교훈을, 슬픔과 아픔이라는 삶의 현장 안에서 고백한다. 플라벨은 슬픔이라고 표현할 수 있는 어떤 상황도 궁극적 의미에서 결코 슬픔일 수 없음을 깨우쳐 주며, 슬퍼하는 자의 눈물을 닦아 주고, 그의 울음과 탄식을 그치게 한다. 틀림없이 이 책을 읽는 모든 신자는 이제 인생이 두렵지 않으며, 더는 슬프지 않을 것이라고 확신한다. 슬프지 않아서가 아니라 슬픔에 넘어지지 않을 소망을 보기 때문이다. 곧, 우리 주 예수 그리스도께서 사랑하는 자에게 주시는 참된 위로를 보기 때문이다. 이 책의 이름이 '소망: 살아야 할 이유'면 더욱 진실할 듯하다. 꼭 읽기를 바란다.

김병훈 합동신학대학원대학교 조직신학 교수

존 플라벨은 두 번째 아내와 사별하고 2년이 지난 1674년에 이 책을 출간했다. 이 책은 누가복음 7:13을 묵상한 책이다. "주께서 과부를 보시고 불쌍히 여기사 울지 말라 하시고." 이 구절을 통해 저자는 독자들에게 사별의 슬픔에 대해 생각하도록 하면서, '적절한' 슬픔과 '과도한' 슬픔을 구별한다. 그리스도인이 어느 정도로 애통해야 하는지, 무엇이 적절하고 적절하지 않은지 자세히 설명한다. 이 책에 가득한 성경 말씀과 조언과 경고와 지혜는 저자가 사별의 슬픔과 아픔을 직접 겪으면서 기도와 묵상 가운데서 건져 올린 결실이다. 영국과 미국에서 150년 이상 베스트셀러의 자리를 지켜온 이 책은 자녀를 잃고 비탄에 잠긴 여러 세대의 많은 그리스도인 부모들을 깊이 위로해 주었다. 『슬픔, 애통하는 자들을 위한 조언』, 이 매력적인 신판은 『애통하는 자들의 한 모습』이란 책을 재출간한 것이다. 이 신판도 그동안 널리 사랑받은 책처럼 단행본 형태라 누구나 손쉽게 접할 수 있다. 책이 작아서 손에 들고 다니면서 천천히 묵상하고 생각하고 기도하며 읽기에 딱 좋다.

마크 데버

플라벨보다 더 학문적이고 더 멋진 청교도는 있을 수 있다. 그러나 플라벨만큼 여러 상황에서 유익한 청교도는 아무도 없다.

이안 머레이

슬픔

John Flavel

Facing Grief

: Counsel for Mourners

슬픔

존 플라벨 지음 · 윤종석 옮김

오늘을 위한 푸리턴 04

복 있는 사람

슬픔

2016년 11월 22일 초판 1쇄 인쇄
2016년 11월 29일 초판 1쇄 발행

지은이 존 플라벨
옮긴이 윤종석
펴낸이 박종현

도서출판 복 있는 사람
주소 서울특별시 마포구 연남동 246-21 (성미산로23길 26-6)
전화 02-723-7183, 7734 (영업·마케팅) 팩스 02-723-7184
이메일 blesspjh@hanmail.net
등록 1998년 1월 19일 제1-2280호

ISBN 978-89-6360-200-4 03230

이 도서의 국립중앙도서관 출판예정도서목록(CIP)은
서지정보유통지원시스템 홈페이지(http://seoji.nl.go.kr)와 국가자료공동목록시스템(http://
www.nl.go.kr/kolisnet)에서 이용하실 수 있습니다. (CIP 제어번호: 2016026882)

Facing Grief
by John Flavel

Copyright © 2010 by The Banner of Truth Trust
Originally published in English under the title *A Token for Mourners*
by THE BANNER OF TRUTH TRUST, 3 Murrayfield Road, Edinburgh EH12 6EL, UK
P.O. Box 621, Carlisle, PA 17013, USA
All rights reserved.

This Korean translation edition © 2016 by The Blessed People Publishing Co.,
Seoul, Republic of Korea.
This Korean edition is published by arrangement of The Banner of Truth Trust
through rMaeng2, Seoul, Republic of Korea.

이 한국어판의 저작권은 알맹2 에이전시를 통하여 The Banner of Truth Trust와 독점 계약한
도서출판 복 있는 사람에 있습니다. 신저작권법에 의하여 한국 내에서 보호받는 저작물이므로
무단 전재와 무단 복제를 금합니다.

차례

청교도라는 이름은 많은 이들에게 호감을 주지는 않는다. 청교
도 하면 숨 막힐 정도로 삶의 세부적인 부분까지 엄격한 윤리적
인 잣대로 규제하는 도덕적인 결벽주의자, 인생의 모든 즐거움
과 재미를 말살해 버리는 금욕주의자, 독선적이고 폭력적인 정
죄와 비판을 일삼는 바리새인의 이미지를 떠올리는 이들이 적
잖다. 이런 부정적인 선입관이 청교도의 진가를 발견하여 음미
하는 길을 원천적으로 봉쇄한다.

그렇다면 왜 지금도 청교도를 읽어야 할까? 그것은 그들 안에
시대를 초월하는 영성의 보화가 듬뿍 담겨 있기 때문이다. 특별
히 영적으로 어두운 시대에 더욱 영롱하게 빛날 보석들이 영적
인 방향감각을 상실한 이들의 좌표가 되며 그들의 발걸음을 밝
혀 주는 빛이 된다. 청교도 고전은 현재 우리의 영적인 상태가

어떤지, 우리가 서 있는 영적인 현주소가 어디인지를 보게 해준다. 그래서 비교의 대상이 없을 때 한없이 낮은 영적 수준에 안주했던 우리를 심히 불편하게 한다. 우리의 신앙이 얼마나 심각하게 성경적인 기준으로부터 하향 조정되었는지, 우리의 영성이 얼마나 얄팍하고 천박해졌는지, 그 뼈아픈 사실 앞에 무릎 꿇게 만든다. 본인도 젊은 날 리처드 백스터의『참된 목자』*The Reformed Pastor*라는 책을 읽고 평생 지워지지 않은 강한 충격과 도전을 받았다. 그동안 당대의 어떤 책에서도 찾아볼 수 없었던 참된 목사의 선명한 기준을 처음으로 발견하였고, 그것이 지금까지 내가 추구해 온 목사상의 변함없는 척도가 되었다.

영적으로 암울한 시대의 비극은 우리를 선도해 줄 멘토, 우리에게 본이 될 만한 선생이 부재하다는 것이다. 만약 현시대에서 그런 영적 모본과 안내자를 찾을 수 없다면 과거에서 찾아야 한다. 우리는 동시대의 인물뿐 아니라 유구한 교회역사 속에 존재했던 수많은 영적 거장과 스승들과도 진리 안에서 시대를 초월한 성도의 교제를 누리는 특권을 소유하였다. 특별히 청교도들의 주옥같은 글은 우리를 지나간 시대의 위대한 영혼들과 교통하는 장으로 초대한다.

청교도운동은 16-17세기에 종교개혁의 정신과 원리를 가톨릭적 요소와 혼합하여 희석시키려는 엘리자베스 여왕의 중도주의에 대항하여 영국교회를 더 철저히 개혁하고 새롭게 하려던 운동이었다. 곧 종교개혁을 영국교회 안에 온전히 실현시켜 보려 했던 움직임이었다. 비록 청교도들 안에는 사상적인 다양성이 존재했지만 그들이 근본적으로 개혁주의 신학과 삶을 추구했다는 점에서는 일치한다고 볼 수 있다. 그들의 주된 관심은 교회개혁과 영적인 부흥 두 가지로 집약될 수 있다. 그들은 종교개혁이 단순히 이론과 교리로만이 아니라 교회의 제도와 직분과 실제 삶 속에서 구체적으로 실현되는 데 역점을 기울였다. 그래서 신학과 경건, 교리와 삶, 객관적인 진리와 주관적인 체험 사이의 긴밀한 연합을 추구하였다.

오늘날 한국교회가 안고 있는 근본 문제, 즉 신앙과 삶, 믿음과 행함, 교리와 체험 사이의 심각한 괴리를 극복하고 신앙의 균형을 회복하기 위해서 우리에게 그들의 가르침이 절실하게 필요하다. 청교도들은 바른 교리의 중요성을 강조했을 뿐 아니라, 그 교리에 부합한 경건과 영성에도 지대한 관심과 열심을 기울였다. 그들은 믿음으로 구원받은 것에 결코 안주하지 않고 하나님과의 더 깊고 풍성한 영적인 교통을 누리며 삶의 모든 영역에서 거룩하게 살려는 불타는 열정에 사로잡혔다. 그들에게 종교개혁의 칭의론은 성화의 중요성을 조금이라도 약화시키는 것이 아니라, 오히려 참된 경건과 거룩의 열정을 고취시키며 성화를 역동적으로 촉진하는 교리였다. 이런 청교도들의 신앙관은 오늘날 교회의 구원관이 얼마나 해괴하게 변질되었는지를 깨닫게 해준다. 한국교회에서는 종교개혁의 칭의론이 거룩함의 열매가 전혀 없어도 믿기만 하면 구원받는다는 식으로 곡해되었다. 그리하여 교인들의 나태와 방종을 조장하며 교회를 타락케 하는 교리로 남용되곤 한다. 이런 점에서도 한국교회가 청교도를 읽어야 할 이유가 분명해진다.

청교도 고전이 현대를 살아가는 영혼들에게 여전히 호소력이 있는 것은, 신학적인 깊이뿐 아니라 우리 모든 인생들이 공통적으로 겪는 실존적 고뇌와 아픔의 깊이를 고스란히 담아내는 메시지를 전달하기 때문일 것이다. 그들은 성경의 이상을 현실에 타협하지 않으면서도 이 땅의 엄연한 현실의 토양에 뿌리내린 영성을 전한다. 그들의 가르침은 편안한 신학의 상아탑에서 안일한 사색을 통해 나온 것이 아니라, 거친 세파에 부대끼며 모진 고난과 핍박과 유배의 상황에서 빚어진 작품이다. 청교도들이 자주 다룬 주제, "땅 위의 천국"Heaven on earth이 시사하듯, 그들의 메시지는 아골 골짜기 같은 고통스러운 이 땅의 현실 속에 임하는 하늘의 영광스러운 세계를 증거함으로써 고난받는 이들에게 큰 위로를 안겨 준다. 청교도들은 신자의 폐부를 찔러 죄악을 드러내는 날카로운 외과의인 동시에 상한 갈대를 꺾지 않는 주님의 온유한 마음으로 상처 입고 병든 심령과 영혼을 섬세하고 자상하게 위로하고 싸매어 주는 따뜻한 치유자이기도 하다.

청교도의 깊고 풍성한 영성의 샘에서 조나단 에드워즈, 조지 윗필드, 찰스 스펄전, 마틴 로이드 존스를 비롯한 수많은 설교자들과 성도들이 생수를 마시고 영혼의 만족을 얻었으며, 앞으로 그들의 저서를 읽는 독자들에게도 이런 영적인 해갈과 부흥이 계속될 것이다. "오늘을 위한 퓨리턴"The Puritans for Today 시리즈는 놀랍고 두려운 하나님의 임재 의식과 이에 수반되는 심오한 죄의식에서 나오는 깊은 회개로 우리를 인도할 것이다. 동시에 영광스러운 구주의 은혜와 사랑을 전적으로 의존하는 믿음과, 죄에서 우리를 자유케 하는 복음의 능력에 대한 확신을 갖게 할 것이다. 더불어 거룩한 삶에 대한 갈망과 추구, 하나님 나라에 대한 강렬한 열정의 불꽃을 우리 심령에 불러일으키는 영적 부흥의 촉매제가 될 것이다.

박영돈

고려신학대학원 교의학 교수

존 플라벨John Flavel, 1627-1691은 영국 남부에서 활동한 복음 사역자다. 솔즈베리Salisbury에서 시작하여 후에는 주로 다트머스Dartmouth에서 사역했다. 당시에 영국도 격동의 시대였지만 그의 개인사에 닥쳐온 격동은 더욱 심했다. 주님처럼 그도 질고를 아는 사람이었다. 1662년 대추방Great Ejection, 영국국교회의 통일령에 반대한 이천 명의 목사들이 국교회에서 추방당한 사건—옮긴이 때 수천 명의 영국국교회 목사들이 생계가 막연하게 되었는데, 그도 그중 하나였다. 그의 부모는 둘 다 비참한 환경에서 1665년에 흑사병으로 세상을 떠났다(적들이 그의 부모를 흑사병이 창궐하던 뉴게이트 감옥에 가두었는데, 아마도 죽게 하려는 의도였던 것으로 보인다). 플라벨은 한 자녀와 세 아내의 죽음을 겪었다. 첫 번째 아내 조안은 결혼한 지 2년 만에 첫아이를 낳다가 아이와 함께 죽었다. 그 뒤로 그는 엘리자베스와 재혼했으나 역시 사별했고, 세 번째 아내인 앤마저 먼저 세상을 떠났다. 네 번째 아내인 도로시만이 남편보다 오래 살았다.

존 플라벨은 두 번째 아내와 사별하고 2년이 지난 1674년에 『애통하는 자들의 한 모습』*A Token for Mourners*이라는 제목으로 이 책을 출간했다. 그가 하나뿐인 자녀를 잃은 어느 여인에게 들려주었던 조언이 이 책의 기초가 되었다. 이것은 누가복음 7:13을 묵상한 책이다. "주께서 과부를 보시고 불쌍히 여기사 울지 말라 하시고"라는 이 구절을 통해 저자는 독자들에게 '적절한' 슬픔과 '과도한' 슬픔에 대해 생각하도록 한다. 무엇이 그리스도인에게 허용되는 적합한 애통이고 무엇이 적합하지 않은 애통인지 자세히 설명한다. 나아가 따로 한 장을 할애하여 사별을 애통하는 비신자들에게도 조언하고 있다. 하지만 대부분은 '애통하는 신자들'에게 주는 위로다. 이 책에 가득한 성경 말씀과 조언과 경고와 지혜는 저자가 사별의 슬픔과 아픔을 직접 겪으면서 기도와 묵상 가운데 건져 올린 것이다.

그 후로 이 책은 영국과 미국에서 150년 동안 출간을 거듭했다. 시대가 시대인 만큼 수많은 부모가 자녀를 잃는 단장의 아픔을 경험해야 했다. 그리하여 여러 세대의 많은 그리스도인 부모들이 이 책에서 위로를 얻었다.

내가 이 책을 처음 알게 된 것은 우리 교회의 한 부부가 첫아이를 잃고 음침한 골짜기를 지나도록 부름을 받았을 때였다. 플라벨의 책 덕분에 그들은 고난과 슬픔 속에서도 끝까지 하나님을 신뢰할 수 있었고, 도움이 가장 절실한 때에 "믿음의 주요 또 온전하게 하시는 이인 예수를"히 12:2 바라볼 수 있었다.

나는 이 책을 수십 년째 소장하고 있었으나,『플라벨 전집』중 제5권의 맨 뒤쪽에 묻혀둔 탓에 그 사실을 모르고 있었다. 그 때까지 내가 읽었던 그의 작품으로는 좀 더 신학적인 책 몇 권 을 비롯하여 내가 제일 좋아하는 청교도 고전 중 하나인『섭리 의 신비』*The Mystery of Providence*가 있었다. 이번에『애통하는 자들의 한 모습』이『슬픔 : 애통하는 자들을 위한 조언』*Facing Grief: Counsel for Mourners*으로 재출간되면서 누구나 이 책을 더욱 손쉽게 접할 수 있게 되었다. 지난 150년 동안 사별의 슬픔을 겪은 그리스도인 들이 애독한 책처럼, 이번 신판도 단행본으로 읽기 쉽게 편집되 었다. 책이 작아서 손에 들고 다니며 천천히 혼자 묵상하면서 생 각하고 기도하며 읽기에 딱 좋다.

기도하는 마음으로 읽을 때, 이 책이 신자인 당신에게 그리스 도 안의 확실한 소망을 일깨워 주기를 바란다. 사별의 슬픔을 겪 는 동안 당신을 그리스도께로 인도하여 위험에서 지켜 주기를 바란다. 당신이 그리스도 안에서 우리에게 주어진 약속들을 받 아들이고, 하나님의 말씀에 충실한 이 사역자를 통해 교훈과 위 로를 얻기를 바란다.

2009년 12월 워싱턴 D.C.에서

마크 데버

사랑하는 친구들에게

우리의 애정은 여러 해 동안 많은 다정한 교제를 통해 아주 친밀하고 두터워졌습니다. 게다가 도리와 은혜라는 이중의 끈으로 묶여 있기에 두 분의 모든 아픔에 대해 제 속에 애틋한 긍휼이 일어날 수밖에 없습니다. 그래서 두 분에게 닥친 모든 고난에 대해 "절반은 저의 고난입니다"라는 고백이 절로 나옵니다. 같은 조로 맞추어진 악기들의 현처럼, 우리도 비록 떨어져 있으나 한 줄을 튕기면 서로가 함께 떨리는 것은 이런 애정 때문이리라 믿습니다.

저는 두 분의 아픔을 부채질하려는 게 아니라 낫게 하고 싶습니다. 그래서 이 장문의 글을 보냅니다. 이것이 두 분에게뿐 아니라 비슷한 처지에 있는 다른 많은 분에게도 도움이 되었으면 합니다. 글의 내용은 저의 아픔에서 나온 결실입니다. 남의 이야기로 권면하는 게 아니라 제가 직접 시련 속에서 어느 정도 검증하고 맛본 것들입니다.

제가 두 분에게 바라는 것은 오직 다음의 몇 가지 사항입니다.

1. 하나님이 목에 씌워 주신 멍에를 너무 성급히 벗지 마십시오. 하나님의 때가 되기 전에 한순간이라도 먼저 슬픔에서 헤어나려 하지 마십시오. 끝까지 충분히 인내하십시오. 그러면 하나님의 때에 하나님의 방식으로 위로가 찾아와 곁에서 내내 두 분을 도울 것입니다.

2. 고난을 만날 때는 비록 슬펐어도 고난과 헤어질 때는 편안할 수 있기를 바랍니다. 하나님이 고난을 보내신 데는 소기의 목적이 있습니다. 두 분의 심령 속에 그 목적이 이루어지면, 고난이 떠날 때 틀림없이 아름다운 간증을 하게 될 것입니다. 하나님이 고삐를 풀어 주실 때, 고난받은 영혼에서 나오는 이러한 고백은 얼마나 아름답습니까! "고난 당한 것이 내게 유익이라."시 119:71

3. 이런 쓰라린 고난을 통해 가장 알찬 깨달음을 얻어 이제부터 죄의 해악, 피조물의 허무함, 그리스도의 충만함을 더 잘 알기를 진심으로 바랍니다. 고난을 통해 영혼은 자신의 습성을 성찰하고 시험하게 됩니다. "여호와여, 주로부터 징벌을 받으며 주의 법으로 교훈하심을 받는 자가 복이 있나니."시 94:12

4. 어린 자녀에게 쏟던 모든 사랑과 기쁨을 이제 예수 그리스도께 쏟아 더 큰 유익을 누리기를 바랍니다. 애정이 분산될 대상이 줄어든 만큼 그분을 향한 사랑이 더욱 뜨거워지기를 바랍니다.

**5. 속사람이 한없이 강건해져 모든 인내에 이르며, 하나님의 평

강이 마음과 생각을 지켜 주시기를 바랍니다. 하늘 아버지의 매에 순순히 복종하도록 힘쓰십시오. 가만히 앉아 묵묵히 매를 맞을 때 영혼은 지혜로워집니다.

6. 끝으로, 두 분이 눈에 보이는 모든 기쁨에 대해 날마다 죽고 집안에 닥친 이런 죽음에 대해 자주 대화를 함으로써, 때가 되면 두 분에게도 찾아올 변화와 죽음을 미리 준비하기를 진심으로 바라고 하나님께 기도합니다.

오, 친구들이여! 두 분이나 저나 사랑하는 가족을 무덤에 묻은 적이 얼마나 많습니까? 죽음이 창가에 다가와 두 분의 "눈에 기뻐하는 것"겔 24:16을 불러낸 적이 얼마나 많습니까? 하지만 조금만 있으면 우리도 그들 곁으로 갈 것입니다. 우리와 그들 사이를 가르고 있는 시간은 찰나에 지나지 않습니다.

우리의 사랑하는 부모들도 떠났고, 예쁘고 사랑스럽던 자녀들도 떠났고, 분신처럼 가깝던 친구들도 떠났습니다. 이 모든 일이 경고처럼 문을 두드리며 우리도 곧 뒤따를 채비를 하라고 일러 주지 않습니까?

이런 일을 통해 우리가 우리의 죽음을 좀 더 쉽게 받아들이고 죽음에 좀 더 익숙해진다면 얼마나 좋겠습니까! 죽음을 자주 접할수록 우리는 죽음을 더 잘 알게 됩니다. 죽음이 사랑하는 가족을 많이 데려갈수록 우리 차례가 올 때 미련이나 집착이 없게 됩니다.

내 사랑하는 친구들이여, 신앙과 두 분과 저를 위하여 이 글에 나오는 성경의 위로와 지침을 믿음으로 적용하기를 당부합니다.

저의 위안은 다분히 두 분의 승리와 평안에 있습니다. 이 글은 두 분의 유익을 위해 제가 다소 서둘러 정리한 것입니다. "모든 위로의 하나님이"고후1:3 두 분과 함께하시기를 빕니다.

저도 함께하기를 바라며.

두 분의 극진한 사랑을 받는 형제

존 플라벨

※ 일러두기 이 책의 성경 인용은 『개역개정』을 따랐다.

chapter 01

본문에 대한 설명

"주께서 과부를 보시고 불쌍히 여기사 울지 말라 하시고."^{눅 7:13}

감정의 위력을 초월하는 것은 천사들과 대등한 차원이고, 슬픈 데도 슬픔을 느끼지 못하는 것은 짐승만도 못한 기질이다. 그러나 슬픔을 적당히 절제하고, 매를 맞을 때 감정의 한도를 지키는 것은 그리스도인의 지혜이고 본분이며 미덕이다. 천성적으로 애정이 없는 사람은 당연히 최악의 이교도 축에 들지만, 애정을 제대로 다스릴 줄 아는 사람은 마땅히 최고의 그리스도인 축에 든다. 물론 우리는 성화되면 신의 성품을 입는다. 하지만 영화될 때까지는 연약한 인간의 속성을 벗지 못한다.

아픔이 닥쳐오면 우리에게 죄의 위험이 없을 수 없고, 죄를 두려워하지 않아서도 안 된다. 형통할 때 자중하기가 어렵듯 역경

중에 죄를 피하기도 똑같이 어렵다. 혹독한 고난이 닥치면 자칫 우리는 이성과 신앙의 한도를 벗어나기 쉽다. 이 여인도 대부분 사람의 경험과 다를 바 없다. 본문에 보면 그리스도께서 그녀의 과도한 슬픔에 제동을 거신다. "주께서 과부를 보시고 불쌍히 여기사 울지 말라 하시고."

괴로운 어머니의 애도와 통곡은 이를 지켜보시던 주님의 마음에 애틋한 긍휼을 불러일으켰다. 사랑하는 외아들을 향한 그녀의 마음보다 그녀를 향한 그분의 마음에 더 깊은 연민이 어려 있었다. 이 본문 말씀 속에서 우리는 여인의 상태와 그와 관련한 주님의 조언을 아울러 생각해 보고자 한다.

여인의 상태

첫째, 이 여인의 상태는 몹시 슬프고 괴로워 보인다. 그리스도께서 그녀의 눈물과 신음을 보고 들으시다가 마음이 아파 녹아내렸을 정도다. "주께서 과부를 보시고 불쌍히 여기사."

그리스도와 마주쳤을 때 그녀는 슬픔에 잠겨 있었다. 복음서 기자가 12절에 분명히 그렇게 밝혀 놓았다. "성문에 가까이 이르실 때에 사람들이 한 죽은 자를 메고 나오니 이는 한 어머니의 독자요 그의 어머니는 과부라. 그 성의 많은 사람도 그와 함께 나오거늘."

이 한 구절 속에서 가슴 저미는 고난의 사정을 몇 가지 찾아볼 수 있다.

1. **아들의 죽음**이다.[2] 어떤 자녀를 막론하고 자녀를 땅에 묻으

면 애정 어린 부모의 마음은 찢어진다. 자녀란 곧 부모의 분신이 아니고 무엇인가? 자녀는 몸만 별개일 뿐 부모의 일부다. 그래서 가문을 잇고 가족을 부양할 아들을 무덤에 묻는다는 것은 늘 견디기 힘든 고통이다.

2. 이 아들은 요람에서 곧바로 관으로 옮겨진 게 아니다. 배내옷을 수의로 갈아입힌 게 아니다. 차라리 아기 때 죽었더라면 지금만큼 고통이 쓰라리거나 뼈에 사무치지는 않았을 것이다. 아직 정이 들거나 어머니의 기대감을 불러일으키지 않았을 테니 말이다. 죽음은 이 아들을 한창 젊은 나이에 데려갔다. 복음서 기자가 12절에서 **"죽은 자"**로 표현한 그를 그리스도는 14절에서 **"청년"**이라고 부르셨다. 드디어 그는 어머니에게 든든한 버팀목이 되어 드릴 수 있는 나이가 되었다. 그것은 여러 해 동안 어머니가 기대하고 바랐던 바였고, 온갖 정성과 수고에 대한 보상이자 열매였다. 그런데 애정이 극에 달하고 희망이 최고에 이르렀을 때 그만 그는 요절하고 말았다.[3]

그래서 바질 Basil 은 자기 아들의 죽음을 이렇게 슬퍼했다.

나도 한때 아들이 있었다. 청년이었다. 내 유일한 상속자이자 노년의 위안이었고, 무엇과도 바꿀 수 없는 자랑거리이자 집안의 버팀목이었다. 그런데 의젓하게 자란 그 아들을 죽음이 내게서 빼앗아갔다. 조금 전까지도 아들의 정겨운 목소리가 들렸고, 아들을 모습을 보며 즐거웠는데 말이다.

독자들도 그런 처지에 놓인 적이 있다면, 굳이 내가 더 힘주어 말하지 않아도 잘 알 것이다. 이 애정 어린 어머니는 그리스도와 마주쳤을 때 슬픔에 젖어 있었다.[4]

3. 게다가 그는 그냥 아들이 아니라 **외아들**이었다. 12절에 그렇게 나와 있다. "이는 한 어머니의 독자요." 어머니의 모든 희망과 위안이 그에게 달려 있었다.[5] 그래서 베르길리우스^{Vergilius}는 "자상한 부모의 관심은 온통 아스카니우스^{Ascanius, 로마 신화에 나오는 인물로 아이네아스의 아들—옮긴이}에게 있다"고 했다. 그녀의 모든 애정은 이 하나의 대상에게 집중되어 있었다. 물론 자녀가 많다고 해서 하나쯤 없어도 되는 것은 아니다. 자녀들이 식탁에 둘러앉은 어린 감람나무라면^{시 128:3} 그중 가장 작은 가지 하나만 부러져도 부모는 슬픈 법이다. 그래도 하나뿐인 자식의 죽음보다는 많은 자식 중 하나의 죽음이 훨씬 더 견디기가 나을 것이다.[6]

그래서 성경에 보면 이 슬픔이 세상에서 가장 큰 슬픔으로 언급된다. "딸 내 백성이 굵은 베를 두르고 재에서 구르며 독자를 잃음 같이 슬퍼하며 통곡할지어다."^{렘 6:26} 이 슬픔이 어쩌나 깊고 애절한지 성령께서도 영혼의 가장 깊은 아픔을 그것에 빗대어 표현하신다. "그들이 그 찌른 바 그[그리스도]를 바라보고 그를 위하여 애통하기를 독자를 위하여 애통하듯 하며."^{슥 12:10}

4. 설상가상으로 "그의 어머니는 과부라"^{눅 7:12}라는 말까지 덧붙여 있다. 노년에 의지할 만한 지팡이마저 부러진 셈이다.[7] 이제 무력하고 적적한 과부인 그녀를 위로하거나 부양할 사람이 아무도 남지 않았다. 당시의 과부는 위안이 없는 정도가 아니라

압제와 멸시의 대상이었다.

이제 모든 짐을 과부인 그녀 혼자서 져야 했다. 한나는 남편이라도 있어 엘가나가 "어찌하여 울며……어찌하여 그대의 마음이 슬프냐. 내가 그대에게 열 아들보다 낫지 아니하냐"^{삼상 1:8}라고 위로해 주었지만, 그녀는 그런 남편도 없었다. 남편이 있었다면 큰 위안이 되었으련만, 남편도 아들처럼 죽고 없었다. 둘 다 죽고 그녀만 살아남아 모든 버팀목을 잃고서 울고 있었다. 그녀의 재앙은 하나가 아니라 엎친 데 덮친 격이었고, 그만큼 더 아픔은 생생하게 가중되었다. 주님과 마주쳤을 때 그녀는 바로 그런 처지, 그런 상태에 있었다.

그리스도의 조언

둘째, 이렇게 슬픔과 비탄에 잠긴 그녀에게 그리스도께서 들려주신 조언을 생각해 보자. "주께서 과부를 보시고 불쌍히 여기사 울지 말라 하시고." 위로하고 지지하는 주님의 말씀에서 우리는 세 가지를 생각해 볼 수 있다.

1. 계기
2. 동기
3. 조언

1. **계기**는 그분이 그녀를 보신 것이다. 성문 앞의 이 만남은 우연처럼 보이지만 틀림없이 주님의 섭리였다. 그분이 하시려는

일이 있었다. 그분은 전지한 눈으로 이미 그녀를 보셨고, 이 청년에게 그 유명한 기적을 행하시려고 이 만남을 미리 계획하셨다. 그리스도는 가난한 사람들, 애통하는 사람들, 마음 둘 곳이 없는 사람들을 민감한 눈으로 알아보신다. 비록 지금은 하늘에 계셔서 우리 눈에 보이지 않지만, 그래도 그분은 우리를 보신다. 우리의 모든 아픔을 보고 계신다. 그 시선이 지금도 그분의 마음을 움직여 우리를 향해 긍휼히 여기게 하신다.

2. 그분이 여인에게 위안과 위로의 조언을 들려주신 **동기**는 그분 자신의 긍휼이었다. 그녀 쪽에서 그것을 기대하거나 바란 게 아니다. 오히려 주님이 그녀에게 애틋한 연민을 느끼시며, 먼저 나서서 예상 밖의 위로를 건네신다. 그녀를 향한 그리스도의 긍휼에 비하면 아들을 향한 그녀의 긍휼은 아무것도 아니다. 그분은 육체로 계실 때 우리의 연약함과 죄를 담당하셨고, 지금도 똑같은 자비로 우리의 고통을 느끼시며 마음 아파하신다.^{히4:15}

3. 이번에는 **"울지 말라"**고 하신 **조언** 자체를 생각해 보자. 주님은 애통하는 사람들을 위로하도록 기름 부음을 받은 분이며^{사 61:1-3} 지금 그 직분을 수행하고 계신다. 그러므로 "울지 말라"는 언급은 눈물과 슬픔을 완전히 금하는 말씀이 아니다. 그분은 모든 애통을 정죄하지 않으시며, 고인의 죽음을 슬퍼하는 모든 표현을 부당하게 여기지 않으신다. 그리스도는 자기 백성이 둔하고 무감각한 존재가 되기를 원하지 않으신다. 그분은 다만 죽음에 대한 과도하고 무리한 슬픔을 금하실 뿐이다. 우리가 아무리 슬퍼도 이교도들이 죽음을 비통해하는 것처럼 슬퍼하지 않도록 말이다. 그들은 도에

지나치게 슬퍼한다. 소망도 없고 복음에 계시된 큰 위로도 모르니 그럴 수밖에 없다.

그리스도께서 그녀에게 위로와 위안을 주시는 근거는 바로 죽은 아들의 부활이다. "울지 말라"고 말씀하실 때 이미 그분은 어머니가 울 일이 없도록 얼른 아들을 다시 살리실 참이었다.

물론 이것은 약간 특이하고 예외적인 경우다. 그녀의 경우처럼 운구 중인 자녀의 시신이 특별한 부활을 통해 즉각 다시 살아날 일이 지금은 거의 혹은 전혀 없기 때문이다. 지금 사별하는 사람들은 그런 일을 기대해서는 안 된다. 이제 그런 특별하고 기적적인 부활이 발생할 이유와 필요성이 없어졌다. 그리스도의 신성과 신적 능력이 이미 충분히 입증되고 확증되었기 때문이다. 그렇더라도 고인이 그리스도 안에서 죽었다면, 지금 사별하는 사람들도 이 여인처럼 감정을 절제할 이유가 얼마든지 있다. "울지 말라"는 주님의 위로와 지지의 조언은 그들에게도 똑같이 적용된다. 한 번 생각해 보라. 현재의 특별한 부활은 일반적인 부활을 알리는 모형과 보증과 일종의 세뱃돈[8]에 지나지 않는다. 그 이상 그것이 우리에게 줄 수 있는 것이 무엇이란 말인가? 기껏해야 영혼이 몸에 다시 돌아와 죄와 슬픔의 세상에서 동물적인 삶을 살다가, 잠시 후에 죽음의 고뇌와 고통을 다시 통과하는 것뿐이다. 이것은 다시 살아난 사람이나 유가족에게는 큰 위안이자 특권으로 보일 수 있지만, 사실은 그렇지 않다. 우선 본인에게 이것은 특권이 아니다. 안식에 들어간 사람을 다시 고생 속으로 불러내고, 항구에 정박한 사람을 다시 바다로 내보내기 때

문이다. 천국의 문턱까지 갔는데 다시 돌아오라고 한다면, 그것
은 죽음을 앞둔 많은 성도에게 오히려 골치 아픈 문제다.

실제로 어느 경건한 사역자에게 그런 일이 있었다. 다시 돌아
온 그는 못내 상심하여 이렇게 말했다. "나는 폭풍을 피해 거의
우리 안에 들렸다가 다시 폭풍 속으로 내몰린 양과 같고, 집에
거의 다 왔는데 깜빡 두고 온 게 있어 다시 가지러 가야 하는 지
친 나그네와 같으며, 만기가 거의 되었는데 기한을 연장해야 하
는 도제와 같다."

하지만 죽음의 문턱에서 소생하는 것에 비하면, 완전히 죽었
다가 살아나는 것은 더욱 특권과 거리가 멀다. 병자들은 그나마
죽음의 고뇌와 단말마의 고통을 아직 겪지 않았다. 하지만 다시
살아난 사람들은 그것을 이미 한 번 겪었고, 다음에 또 겪어야
한다. 그들은 두 번 죽어야 비로소 행복해질 수 있다. 게다가 두
죽음 사이에서 잠시 이 땅에 머무는 동안에는, 첫 번째 죽음 때
보았거나 누렸던 것을 모두 망각하여 무감각해지는 완벽한 **기억
상실**αμνηστα, 암네시아을 겪게 된다. 본인을 위해서나 다른 사람들을
위해서나 그런 기억상실이 꼭 필요하다. 본인의 경우, 그 복되고
형언할 수 없는 상태를 떠나 이 땅의 시간을 침착하고 느긋하게
견디려면 반드시 망각이 필요하다. 그래야 만족하며 살아갈 수
있다.⁹ 다른 사람들의 경우, 감각으로 살지 않고 믿음으로 살려
면 죽었다 살아난 사람에게 그런 망각이 필요하다. 그래야 그들
이 인간의 말에 권위를 두지 않고, 하나님의 말씀에 권위를 두고
살아갈 수 있다.

보다시피 죽었다 살아나면 오히려 고통과 고뇌가 배가된다. 아무리 행복을 되찾고 지킨다 해도, 삶이 순탄해지는 것은 아니다. 그래서 지금의 부활은 본인에게 특권이랄 수 없다. 아울러 유가족에게도 마찬가지다. 물론 죽었던 사람이 살아났으니 어느 정도 위로는 될 것이다. 하지만 생각해 보라. 상대는 다시 풍랑의 바다로 돌아왔고, 잠시 벗어났던 근심과 슬픔을 새로 겪어야 한다. 유가족은 머잖아 상대와 다시 헤어져야 하고, 남들은 한 번이면 되는 이별의 슬픔을 두 번이나 겪어야 한다. 이렇듯 지금의 부활은 언뜻 보기에는 위안이 될 것 같아도 그 자체로는 위안의 근거가 되지 못한다.

그러므로 가족의 죽음 앞에서 모든 견고한 위로와 위안의 근거는 종말의 일반적 부활에 있다. 특별한 부활은 이를테면 일반적 부활의 모형[10]이자 증거다. 그래서 사도는 우리의 위안을 거기에 둔다.살전4:17 주님이 오실 때 우리가 죽은 자들을 다시 보고 즐거워하게 된다는 것이다. 분명히 이것이 본문의 어머니처럼 사자死者를 당장 부활로 다시 받는 것보다 더 낫다. 그게 더 나아 보이지 않는다면, 이는 우리의 마음이 현세적이며 세상을 보는 기준이 영원한 믿음이 아니라 일시적 감각에 있기 때문이다.

이렇듯 그리스도께서 이 여인에게 주신 조언과 그 근거는 다른 애통하는 그리스도인들에게도 다분히 그대로 적용된다. 그녀와 우리의 차이는 미미하며, 어느 한쪽이 더 나을 게 없다. 앞서 보았듯이 이 여인의 슬픔은 겹겹으로 가중되었다. 아들, 그것도 외아들이 장지로 실려 가고 있다. 그런데 그리스도는 수심에 잠긴 어머니에게 울지 말라고 명하신다. 정리하면 이렇다.

　원리: 아무리 악조건이 겹친 죽음이라도 그리스도인들은 고인
에 대한 슬픔을 적절히 조절해야 한다.

chapter 02

적절한 슬픔과 과도한 슬픔

흔히 사람들은 상대가 살아 있을 때 지나치게 사랑하고 기뻐하는 것만큼 상대가 죽으면 지나치게 슬퍼한다.[11] 선량한 사람들도 마찬가지다. 물을 가두기가 어렵듯 사랑과 슬픔도 한도를 지키기 어렵다. 그래서 사도는 이 부분에 대해 이렇게 엄중히 경고한다. "형제들아 내가 이 말을 하노니 그 때가 단축하여진 고로 이 후부터 아내 있는 자들은 없는 자같이 하며 우는 자들은 울지 않는 자같이 하며 기쁜 자들은 기쁘지 않은 자같이 하며 매매하는 자들은 없는 자같이 하며."[고전 7:29-30] 사도의 말씀대로 덧없는 세상은 종말에 가까워졌다.[12] 하나님이 인생의 돛을 단축하셨다. 그러므로 우리가 살아갈 시간은 하나의 찰나에 지나지 않는다. 잠시 후면 아내와 자녀를 두거나 두지 않기로 선택할 수 없는 때가 온다. 이는 다 시간이 지나면 사라지는 것들이다. 그런 데서 위안을 얻으려는 기대가 실현되기 전에 우리 자신부터 썩을 수도 있다. 그러므로 잠시 후면 없어질 것들은 이미 없는 것처럼 보는 게 최선의 지혜다. 현세의 기쁨을 상실했을 때 우리의 처신은 비신자가 영적 규례 앞에서 보이는 처신과 같아야 한다. 비신자들이 듣고도 듣지 않는 자같이 하듯, 우리 역시 울면서도 울지 않는 자같이 해야 한다. 그들은 영적인 일로 감정이 약간 흔들리는 경우는 간혹 있어도, 결코 그것을 마음에 새기지는 않는다. 그래서 죄에 대해 들어도 심령이 상하지 않고, 영광이 계시되어도 깊은 영향을 받지 않는다. 우리도 소중한 사람들을 데려가시는 하나님의 손길을 느끼되, 울지 않는 자같이 울어야 한다. 슬픔을 적절히 제한하고 조절해야 하며, 덧없이 죽어가는 생명에 너무 미련을 두어서는 안 된다.

그래서 사도는 히브리서 12:5에서 이렇게 권면한다. "내 아들아, 주의 징계하심을 경히 여기지 말며 그에게 꾸지람을 받을 때에 낙심하지 말라." 경히 여기거나 낙심하는 것은 양극단의 행동이다. 예컨대 우리는 하나님이 잘못을 지적하셔도 그것을 중시하지 않는다. 하나님의 뜻이면 다 가져가시고, 재물도 사라질 테면 사라지고, 자식도 죽을 테면 죽으라는 식이다. 이는 주의 징계하심을 경히 여기는 처사이며, 하나님은 이런 가벼운 태도를 용납하지 않으신다.

반대쪽 극단은 낙심이다. 재물을 빼앗기면 마음마저 빼앗기고, 자녀가 죽으면 부모의 영혼까지 죽는다. 이는 매를 맞고 낙심하는 것이다. 세네카^{Seneca}는 이렇게 말했다. "친구가 죽거든 애통하라. 하지만 슬픔이 도를 넘어서는 안 된다. 아예 슬퍼하지 말라고는 감히 명하지 않겠다. 지나치지만 않다면 눈물을 흘려도 좋다. 요컨대 네 눈이 완전히 마르게도 하지 말고 철철 넘치게도 하지 말라. 우는 것은 괜찮지만 울부짖는 것은 안 된다." 자신의 감정과 애착에 재갈을 물리는 사람, 그 무엇을 잃어도 자제력을 잃지 않는 사람은 복이 있다.

지금부터 이 글을 전개해 나갈 방식은 다음과 같다.

1. 과도한 슬픔의 징후를 파악한다.
2. 과도한 슬픔의 죄에 빠지지 않게 권고한다.
3. 과도한 슬픔의 변명을 퇴치한다.
4. 과도한 슬픔의 해결책을 제시한다.

chapter 03

그리스도인의 애통에 허용되는 슬픔

지금부터 과도한 슬픔의 징후를 살펴보고자 한다. 아무리 마땅히 슬퍼할 일이더라도 슬픔이 한도를 벗어나면 죄가 된다. 그러나 명백히 밝혀 두는 차원에서, 먼저 그리스도인으로서 애통이 허용되는 슬픔부터 살펴보자. 그러면 당신의 슬픔이 어디서부터 도를 넘어 죄가 되는지 더 잘 분별할 수 있을 것이다.

첫째, 과도한 슬픔이 아무리 질타와 책망의 대상이라 해도 **고난받는 사람이 고난을 주시는 주님의 손길을 민감하게 깨닫고 느끼는 것은 괜찮다.** 느끼지도 못하면서 참는 것은 미덕이 아니며, 하나님이 치시는데도 떨지 않는 것은 더없이 무엄한 일이다.

미리암의 경우에 하나님은 모세에게 이렇게 말씀하셨다. "그의 아버지가 그의 얼굴에 침을 뱉었을지라도 그가 이레 동안 부끄러워하지 않겠느냐."민 12:14 얼굴은 아름다움과 영예가 머무는 자리다. 하지만 침 뱉음을 받으면 부끄러운 자리로 변한다. "자기 아버지를 노하게 하여 아버지가 미리암의 얼굴에 침을 뱉었다 해도, 그가 그 책망이 부끄러워 이레 동안 비켜나 아버지를 차마 대면하지 못하지 않겠느냐. 하물며 내가 그에게 노한 증거로 얼굴에 나병이 퍼지게 하였으니, 내 책망을 얼마나 더 잘 깨닫고 명심해야 하겠느냐!" 하나님은 그분의 책망을 받고도 부끄러워하지 않는 사람들을 정녕 부끄러워하신다.

하나님의 징계를 가볍게 여기는 것은 대범함이 아니라 미련함이다. 고난 중에 그러다가 호되게 혼난 사람들이 있다. "주께서 그들을 치셨을지라도 그들이 아픈 줄을 알지 못하며."[렘 5:3] 하나님이 욥의 몸과 자녀와 재산을 치셨을 때, 욥은 일어나 옷을 찢고 머리에 재를 뒤집어썼다. 그가 무감각하거나 태연자약하지 않다는 증거였다. 그러면서도 그는 고난을 주시는 하나님을 송축했다. 그가 불손하거나 반항적이지 않다는 확실한 증거였다.

둘째, 고난받아 애통하는 영혼은 하나님과 인간에게 불평을 토로하여 슬픔과 비애를 적절하고 알맞게 표현할 수 있다. 이를 악물고 아픔을 억누르는 쪽보다 솔직히 털어놓는 쪽이 훨씬 더 그리스도인답다. **하나님에 대해** 불평하는 것은 큰 악이지만 **하나님께** 불평을 토로하는 것은 죄가 아니다. 슬픔은 신음을 낼 때 덜어지고, 짓눌린 마음은 말로 털어낼 때 가벼워진다.

고난의 사람 다윗도 늘 그렇게 행동했다. "내가 내 원통함[불평]을 그의 앞에 토로하며 내 우환을 그의 앞에 진술하는도다. 내 영이 내 속에서 상할 때에도 주께서 내 길을 아셨나이다."[시 142:2-3]

자녀가 아버지 외에 누구에게 가서 탄식하겠는가? 그분 외에 누구에게서 위안과 위로를 바라겠는가? 시편 102편에는 "고난 당한 자가 마음이 상하여 그의 근심[불평]을 여호와 앞에 토로하는 기도"라는 제목이 붙어 있다.

고난받는 영혼마다 이 길을 택하여 슬픔을 표현한다면 얼마나 복되겠는가. 우리가 하나님께 더 많이 불평을 토로하면, 우리에 대한 그분의 불평이 줄어들 것이다. 하나님의 사람들이 가난하고 짓눌리며 고난받아 괴로움과 낙심의 하루를 보내고 있다고 하자. 깊은 바다가 서로 부르고^{시 42:7} 파도가 연이어 몰아친다. 이때 그 짓눌린 영혼이 겸손히 믿음으로 주님께 나아가 자녀답게 당당히 이렇게 고백한다면, 틀림없이 하나님의 마음을 움직이고 녹여서 사로잡을 것이다.

아버지여, 저는 어찌해야 합니까? 제 영혼이 근심으로 심히 짓눌리고 잘름잘름 쏟아질 것 같습니다. 마음이 허전하여 이래저래 위안을 찾으려 했으나 아무것도 없습니다. 위안의 문마다 모두 제게 꽉 닫혀 있습니다. 주께서 제게 슬픔을 더하시고, 증인을 새로 바꾸어 저를 치십니다.^{욥 10:17} 겉으로는 위로가 없고 속으로는 평강이 없습니다. 겉으로는 쓰라린 고통이요 속으로는 괴로운 상념뿐입니다. 오, 주님, 제가 압제를 받으오니 저의 중보가 되옵소서.^{사 38:14} 육신의 아버지들도 자식이 괴로워 불평을 토로하면 불쌍히 여기는데, 오, 주님도 그런 분이 아니십니까? 바다가 물 한 방울을 훨씬 능가하듯이 주님의 긍

흉도 현세의 기쁨을 훨씬 능가합니다. 오, 나의 아버지여, 저를 불쌍히 여기시고 붙들어 주시며 구하여 주소서!

이런 고백을 하나님이 얼마나 기뻐 받으시는지 모른다! 또한, 본인의 영혼에도 그것이 얼마나 큰 유익이 되는지 모른다!

아울러 우리는 인간에게도 불평을 토로할 수 있다. 욥도 그랬다. "나의 친구야, 너희는 나를 불쌍히 여겨다오. 나를 불쌍히 여겨다오. 하나님의 손이 나를 치셨구나."욥 19:21 지혜롭고 충실하며 연륜이 깊은 친구들이 있다면 이는 고마운 일이다. 그들은 이처럼 위급한 때를 위하여 났다.잠 17:17 하지만 친구들이 아무리 잘한다 해도 하나님만큼 긍휼히 여길 수는 없고, 하나님만큼 위안과 도움을 줄 수도 없다. 우리도 욥처럼 "나의 원망이 사람을 향하여 하는 것이냐. 내 마음이 어찌 조급하지 아니하겠느냐"욥 21:4라고 말할 때가 종종 있다. 사람에게 불평을 토로한들 얼마나 큰 유익을 얻겠는가? 친구의 마음을 무겁게 할지는 몰라도 내 마음은 별로 가벼워지지 않는다! 그나마 연륜이 있는 자상한 그리스도인에게 마음을 털어놓으면 그것만으로도 꽤 위안이 될 수 있다. 그 사람의 기도까지 받으면 더 좋다. 여기까지가 안전하고 적절한 슬픔이며 전혀 위험할 것이 없다.

셋째, 고난받는 사람은 아픔을 유발하고 자초한 데 대해 대개 자신을 탓하고 비판하며 책망할 수 있다. 자신의 죄악이 따라다니며 자신을 에워쌀 때시 49:5 그가 자신의 어리석음에 불만과 분통을 느끼는 것은 지당한 일이다. 경건한 사람이라면 자신에게 무슨 큰 고난이 닥쳐왔을 때, 실제로 그런 매의 필요성을 사전에 알지 못하는 경우가 드물다.

하나님이 당신의 자녀나 친구를 치실 때, 당신은 뭔가 매서운 시련이 다가오고 있음을 예견하지 못했는가? 당신이 깨어나 정신을 차리고 정결해지려면, 분별없고 안일하고 세속적인 당신의 기질에 그런 징벌이 필요하지 않겠는가? 만일 예견하지 못했다면 이제라도 자신을 살피고 성찰하는 것이 당신의 도리다. 그래서 교회는 고난 중에 "우리가 스스로 우리의 행위들을 조사"애 3:40하자고 다짐했다. 하나님이 치실 때 우리는 살펴야 한다. 우리가 자신의 죄악을 찾아내지 않으면, 반드시 우리의 죄악이 우리를 찾아낼 것이다. 경건한 영혼은 고난의 때에 무엇보다도 그 고통을 유발하고 초래한 원인을 알아내고자 한다. "무슨 까닭으로 나와 더불어 변론하시는지 내게 알게 하옵소서."욥 10:2 곧, "주여, 구체적으로 어떤 죄악 때문에 이 매를 보내 저를 책망하시는 것입니까? 어떤 부주의한 죄 때문에 저를 낮추시는 것입니까? 어서 알려 주시고, 당장 저를 거기서 회복시켜 주소서"라고 말이다.

일단 고통의 원인과 이유를 알아냈으면, 정직한 영혼은 그런 자신을 부끄러워한다. 그리고 하나님의 처분이 공정함을 인정하고, 거기에 겸손히 복종하여 그분께 영광을 돌린다. "사람을 감찰하시는 이여, 내가 죄를 범하였으니 주께 어찌하오리이까."욥 7:20, KJV 그는 자신의 죄를 하나님께 솔직히 털어놓는 것을 수치로 여기지 않으며, 어리석은 자신을 그분 앞에서 한없이 낮춘다.

브라이트먼[13]의 아가 주석에 나오는 탁월한 주해가 생각난다.

거룩한 사람들은 회개하여 심령이 새로워지고 나면 하나님의 영광을 위하여 자신이 실족한 것과 창피한 죄악을 기억하고 고백한다. 그렇게 하는 것을 수치로 여기지 않는다. 그렇게 고백하면 자신은 영광을 잃지만, 그 영광이 없어지지 않고 하나님께 돌아간다고 생각하기 때문이다.

우리의 부끄러움이 그분을 영화롭게 한다면, 얼마나 자원하여 그런 부끄러움을 받아야 하겠는가? 거룩한 다윗도 이런 고백을 수치로 여기지 않았다. "내 상처가 썩어 악취가 나오니 내가 우매한 까닭이로소이다."[시 38:5] 하나님 앞에서 자신을 바보로 여긴 다윗이야말로 가장 현명한 사람이다.

물론 하나님이 주권적인 섭리로 또는 시험을 목적으로 고난을 주실 수도 있다. 하지만 우리 쪽에도 언제나 원인이 있을 수 있으므로, 우리 자신의 어리석음을 탓하는 것이 가장 무난하다.

넷째, 고난받는 그리스도인은 겸손히 복종하는 자세로 하나님께 고난을 없애 달라고 진지하게 간구할 수 있다. 고난이 너무 버거워 힘에 부칠 때, 고난으로 무력해져 본분을 다할 수 없을 때, 고난 때문에 유혹에 빠지기 쉬울 때, 그럴 때는 우리도 다윗처럼 이렇게 기도할 수 있다. "주의 징벌을 나에게서 옮기소서. 주의 손이 치심으로 내가 쇠망하였나이다."[시 39:10] 우리 주 예수 그리스도께서도 고난의 때에 심한 통곡과 많은 눈물로 자신의 영혼을 쏟아 놓으며 이렇게 기도하셨다. "아버지여, 만일 아버지의 뜻이거든 이 잔을 내게서 옮기시옵소서."^{눅 22:42} 인간의 본성은 짓눌리면 놓여나기를 원하게 마련이다. 우리의 새로워진 본성도 그런 속박과 유혹에서 해방되기를 갈망한다. 속박과 유혹이 있으면 본분을 다할 수 없거나 덫에 걸리기 쉽다.

chapter 04

슬픔이 죄가 될 때

여기까지는 안전하게 슬퍼할 수 있다. 하지만 다음과 같은 경우에는 슬픔이 과도해져 죄가 된다.

첫째, 슬픔 때문에 다른 모든 은총과 기쁨을 멸시하며, 이미 상실한 것에 비해 그것들을 하찮게 여긴다. 하나의 위안거리가 사라졌다 해서 삶 전체에 먹구름이 끼는 경우가 종종 있다. 우리는 상실한 기쁨 때문에 우느라 눈이 멀어 아직 남아 있는 많은 은총을 보지 못한다. 사라진 것만 쳐다보느라 아직 남아 있는 것은 거의 혹은 전혀 눈에 들어오지 않는다. 하지만 이것은 큰 죄다. **무지**와 **배은망덕**에서 비롯되어 하나님을 크게 **진노**하시게 하기 때문이다.

우선 이것은 **무지**에서 비롯되는 죄다. 자신의 죄에 대한 응분의 벌을 알고 있다면, 우리는 사라진 스무 가지 은총보다 남아 있는 한 가지 은총을 오히려 신기해해야 한다. 모든 은총을 빼앗긴 것 같더라도 지금 누리고 있는 은총에 감사해야 한다. 어떤 위안을 잃더라도 참고 견뎌야 한다.

우리의 위안은 주권자이신 하나님의 뜻대로 오기도 하고 떠나기도 한다. 그분은 남아 있는 모든 것도 한순간에 없애실 수 있고, 그 후에 당신을 영원히 지옥에 던지실 수도 있다. 그런 하나님을 안다면, 당신은 그분이 여전히 부어 주시는 많은 은총을 한없이 귀하게 여길 것이다. 피조물의 속성은 잠시 있다가 사라지는 꽃이나 안개와 같다. 그것을 안다면 아직도 당신의 소유로 남아 있는 게 수두룩하여 감사에 겨울 것이다.

당신만큼 선하거나 당신보다 나은 수많은 사람이 세상에서 맛보는 위안은 당신이 현재 누리고 있는 풍성한 위안에 비하면 불과 한 줌에 지나지 않는다. 당신이 지금 우습게 여기는 온갖 편안한 기쁨을 그들은 평생 소유한 적이 없다. 그것을 안다면 당신의 행동은 틀림없이 지금과는 달라질 것이다.

게다가 이것은 사악한 **배은망덕**이다! 당신에게 남아 있는 모든 은총이 전혀 무가치하기라도 하단 말인가? 물론 당신은 자녀나 친구를 땅에 묻었다. 하지만 아직 당신에게는 남편이나 아내나 다른 자녀가 있다. 그게 아니라면 편안한 집과 그것을 누릴 건강이 있다. 그것도 아니라면 그리스도와의 관계, 언약에 참여함, 죄 사함, 영광의 소망 등 하나님의 규례가 있다. 그런데도 이렇게 낙심에 빠져 있다니, 당신에게 주어진 현세와 내세의 모든 은총과 위안과 소망이 무덤에 몽땅 묻히기라도 했단 말인가! 하나의 은총에 죽음이라는 글귀가 새겨졌다 하여 다른 모든 은총에도 이가봇 영광이 떠났다는 뜻, 삼상 4:21—옮긴이이라는 글귀가 새겨져야 하는가! 말도 안 되는 소리다. 얼마나 부끄러운 배은망덕인가!

아울러 친구여, 매를 맞을 때 이런 태도를 보이는 것은 정녕 주님을 적잖이 **진노**하시게 하는 일이다. 자칫하면 그분이 심판을 지속하여, 남아 있는 것마저 다 끝장내실 수도 있다. 두 번 다시 아예 고난이 발생할 일조차 없도록 말이다. 과분한 은총을 아직 많이 받고 있는데도 당신이 그것을 하찮게 여긴다고 하자. 하나님이 그런 당신을 보고 이렇게 말씀하신다면 어떻게 하겠는가? "네가 그것들을 소유할 가치가 없다고 여긴다면, 나도 그것을 계속 공급할 가치가 없다고 본다. 죽음이여, 가라. 남편과 아내와 다른 자녀들이 남아 있으니 가서 그들을 모두 쳐라. 질병이여, 가라. 그의 몸에 건강이 남아 있으니 그것을 빼앗아라. 상실이여, 가라. 아직 재산이 남아 있는 그를 빈털터리로 만들어라. 치욕이여, 가라. 아직 좋은 그의 평판을 땅에 떨어뜨려라." 이제 당신의 생각은 어떤가? 더구나 당신이 그리스도 밖에 있는 사람이라면, 당신은 여태 말한 모든 것보다 훨씬 무서운 타격을 입을 위험마저 있다. 하나님이 이렇게 말씀하신다면 어떻게 하겠는가? "네가 내 은총을 소중히 여기지 않느냐? 너를 향한 내 선함과 오래 참음이 귀한 줄을 모르느냐? 내가 죄와 반항을 일삼는 너를 이토록 오래 살려 둔 일이 아무것도 아니냐? 그렇다면 내 손으로 네 목숨을 쳐서, 오랜 세월 너를 지옥에 떨어지지 않도록 붙들고 있던 그 실낱을 잘라 버리겠다."

이렇듯 당신이 사악한 배은망덕으로 주님을 진노하시게 할 때 어떤 결과가 따를지 생각해 보라! 이미 심판 중이신 하나님을 진노하시게 한다는 것은 위험한 일이다. 당신이 그분의 백성이라면 맨 마지막에 말한 최악의 타격을 받을 위험은 없다. 그래도 당신은 이미 상실한 것보다 더 좋은 여러 은총을 상실할 수 있음을 알아야 한다. 하나님은 당신의 영혼에 의심의 먹구름을 드리우시고, 사탄을 풀어 당신을 괴롭히게 하시며, 당신 내면의 기쁨과 평안을 앗아가실 수 있다. 그제야 당신은 거기에 비하면 절친한 친구의 장례식은 사소한 일임을 대번 확신하게 될 것이다!

그러므로 하나님이 무엇을 가져가시든 아직 남겨 두신 것으로 인해 감사하라. 이와는 반대로 이스라엘은 광야에서 큰 죄를 지었다. 하나님은 그들을 이집트의 참혹한 종살이에서 구하셨고, 광야에서 기적을 베풀어 먹이셨으며, 젖과 꿀이 흐르는 땅으로 인도하시는 중이었다. 그런데도 그들은 무엇이 조금만 부족하면 다짜고짜 현재의 모든 은총을 망각하고 짓밟았다. 그러면서 이렇게 말했다. "우리가 애굽 땅에서……죽었으면 좋았을 것을."민 14:2 "이 만나 외에는 보이는 것이 아무 것도 없도다."민 11:6 고난 중에 애통하는 이들이여, 이것을 조심하라. 그것은 죄일 뿐 아니라 그 속에 위험이 도사리고 있음을 알아야 한다.

둘째, 그 못지않게 죄가 되는 슬픔은 우리의 마음이 완전히 슬픔에 잠겨 하나님의 백성과 교회에 닥치는 공적인 악과 재난을 거의 혹은 전혀 느끼지 못하거나 거기에 아예 무관심한 것이다.

물론 사적인 아픔이 교회의 아픔에 가려질 정도로 공공심

public spirits이 있는 그리스도인들도 더러 있다. 예컨대 멜란히톤 Melanchthon은 교회에 닥친 재난에 압도되어, 자신이 지극히 사랑하던 자식의 죽음에는 별로 괘념하지 않았던 것 같다.

제사장 엘리도 사명감과 공공심을 확실히 보여주었다. 문간에 앉아 전쟁 보고를 간절히 기다리던 그에게 드디어 소식이 도착했다. 이스라엘은 블레셋 군대 앞에서 도망했고, 엘리의 두 아들 홉니와 비느하스는 죽었으며, 하나님의 궤는 빼앗겼다는 소식이었다. **하나님의 궤**[14]라는 말이 나오는 순간 엘리는 나머지 보고를 더 들을 것도 없이 사태를 직감으로 알아차리고 뒤로 넘어져 죽었다.삼상 4:17-18 그를 넘어져 죽게 한 말은 바로 하나님의 궤라는 말이었다. 사자가 엘리의 두 아들이 죽었다는 말로 그쳤다면 엘리는 아마 그 짐을 감당해냈을 것이다. 하지만 언약궤의 상실이 그에게는 자식보다도 큰일이었다.

하지만 지금 같은 이기적인 세대에 그런 공공심을 보기란 쉽지 않다. 자칭 신앙인들 사이에서도 마찬가지다. 우리도 사도처럼 "그들이 다 자기 일을 구하고 그리스도 예수의 일을 구하지 아니하되"빌 2:21라고 한탄해야 할 판이다. 사적인 관심사의 한계를 벗어나 큰일을 염려하거나 도모하는 사람은 별로 없다. 슬픔도 마찬가지다. 자녀가 죽으면 우리도 금방이라도 죽을 것 같지만, 공적인 재앙은 우리의 아픔이 되지 못한다.

가정에 위안이 있어도 그것이 교회의 아픔에 가려지고, 가정에 아픔이 있어도 그것이 교회의 은총에 가려지는 사람은 참 드물다! 혹시 우리는 그 반대가 아닌가? 만일 우리가 다른 사람들에게 임하는 은총이나 재난에는 별로 관심이 없고 자신의 고난에만 완전히 빠져 있다면, 그런 슬픔은 죄다. 그것이야말로 마땅히 슬퍼해야 할 일이다.

셋째, 슬픔 때문에 산만해져 신앙의 본분에서 벗어나 하늘과의 교제를 중단하고 멀리할 때 우리의 슬픔은 과도해져 죄가 된다.

도대체 언제까지 우리는 홀로 앉아, 죽은 사람만 생각하고 있을 셈인가? 그럴 때는 잘도 돌아가는 생각을 살아 계신 하나님께 고정하기가 얼마나 어려운가! 그리스도와 함께 하늘에 있어야 할 우리의 생각이 죽은 사람과 함께 무덤 속에 있다. 그래서 고난받는 많은 영혼은 다음과 같이 탄식할 수 있다. 사별의 아픔이 자신에게서 그리스도와의 달콤하고 친밀한 교제를 앗아가고, 그분의 자리를 죽은 자녀가 대신했다고 말이다. 이것이 정당한 탄식인가?

가련한 당신이여, 죽은 사람을 위한 울음을 그치고 당신의 죽은 심령을 위하여 울라. 이것이 고난을 주시는 하나님의 목적에 당신이 응하는 방식인가? 전보다 더 하나님과 멀어지겠다는 것인가? 기도를 그만두고 하나님께 등을 돌리는 것이 고난을 해결하고 위안을 얻는 길인가?

당신이 감히 신앙의 본분을 완전히 저버리지 않더라도, 과도한 슬픔은 그런 본분의 성과와 거기서 오는 위안을 망친다. 예컨대 기도하고 묵상할 때 당신의 마음은 산란하고, 죽어 있으며, 잡념에 빠진다. 그래서 거기서 아무런 위안이나 위로를 얻지 못한다.

그리스도인이여, 정신을 차리고 생각해 보라. 이것은 옳지 못한 처사다. 하나님의 매가 지금 선한 목적을 전혀 이루지 못하고 있다. 친구가 죽을 때 하나님을 향한 당신의 사랑도 죽었단 말인가? 무덤에 묻힌 고인의 시신처럼 신앙의 본분에 임하는 당신의 마음도 그렇게 싸늘해진 것인가?

육신의 죽음이 친구를 덮쳤듯이 영적인 죽음이 당신을 덮쳤는가? 그렇다면 당신은 죽은 친구보다 당신의 죽은 심령 때문에 분명히 더 애통해야 한다. 당신의 아픔을 속히 바른 방향으로 돌려라. 이런 마음 상태에서 얼른 힘써 벗어나라. 그렇지 않으면 머잖아 슬픈 일을 겪게 될 것이다. 지금 애통하는 상실은 이후에 애통할 상실에 비하면 사소한 것이다. 분명히 하늘의 온기와 영적 생동감을 사랑하던 당신의 마음을 잃는 것이 품속의 아내나 한없이 사랑스러운 자녀를 잃는 것보다 훨씬 큰 상실이다.

독자여, 당신이 그런 경우라면 누구보다도 애통해야 할 일이다. 하나님을 사랑하고 기뻐하는 마음이 조금이라도 사라지는 것보다 차라리 열 아들을 땅에 묻는 게 낫다. 하나님이 당신을 치시는 목적은 당신의 마음을 그분께 더 가까이 이끄시기 위해서다. 그래서 그분은 당신의 마음을 멀어지게 했던 요인을 없애신 것이다. 그런데 어떻게 당신이 하나님의 목적과 섭리를 거스른단 말인가? 당신이 기뻐하던 사람을 잃었다 해서, 하나님도 그분이 기뻐하시는 당신과의 교제를 잃으셔야 하는가? 아픔이 이렇게 당신의 골방에까지 따라온다면 분명히 그 아픔은 과도하여 죄가 된다.

넷째, 슬픔이 몸을 너무 무겁게 짓눌러 목숨이 위태로워지거나 몸이 봉사하기에 부적합하고 무익해지면 그 슬픔은 과도하여 죄가 된다고 단정할 수 있다.

"세상 근심은 사망을 이루는 것이니라."고후7:10 이것은 세상 사람들의 방식대로 하는 근심이다.[15] 영적 원리와 묵상을 통해 다스려지지 않은 세속적이고 본성적인 슬픔일 뿐이다. 때로는 이 슬픔이 몸을 사정없이 내리눌러 몸이 그 무게를 감당하지 못해 세상에서 없애거나 고칠 수 없는 병에 걸리기도 한다. 솔로몬은 "근심이 사람의 마음에 있으면 그것으로 번뇌하게 되나"잠12:25라고 했다. 마음이 짓눌리면 아무리 건장한 몸도 상할 수밖에 없다.

인간의 마음은 **부석**浮石과 같다는 말이 있다. 성한 상태일 때는 물에 뜨지만 일단 깨지면 금방 가라앉는다. 마음속에 들어온 슬픔은 좀과 같아서 머잖아 몸을 너덜너덜한 옷처럼 만든다. 아무리 강인하고 다부진 몸도 견뎌낼 수 없다.

철학자들과 의사들은 대체로 슬픔을 수명 단축의 주원인 중 하나로 꼽는다. 그리스도는 슬픔을 많이 겪으셨고 질고를 아시는 분이다.사53:3 일각에서는 그분이 서른이 조금 넘은 나이에 쉰 살처럼 보인 것도 그 때문이라고 생각한다.요8:57 물론 그분의 슬픔은 종류가 달랐다.[16]

많은 사람에게 영혼과 몸의 관계는 예리한 칼과 얇은 칼집의 관계와 같아서 칼이 칼집을 쉽게 뚫고 나간다. 아픔을 자꾸 들여다보고 곱씹는 것은 곧 칼을 가는 일이 아니고 무엇인가? 더 빨리 더 깊이 벨 수 있도록 말이다. 하나님이 지으신 모든 피조물

중에 자신을 괴롭히는 능력과 성향이 가장 강한 존재는, 악귀들을 제외하고는, 인간이다.

고난의 때에 우리는 얼마나 무자비하게 몸을 혹사하는가! 슬픔에 잠겨 체력을 낭비할 뿐 아니라 꼭 필요한 휴식과 음식, 위로마저 거부한다! 짐만 지게 해 놓고 쉬지는 못하게 한다. 고난의 빵과 눈물을 정말 먹고 마실 수 있다면, 아마 그것으로 배부르게 할 것이다. 하지만 맛좋은 빵과 편안한 잠은 자신에게 허락하지 않는다.

그뿐 아니라 자신의 몸에는 지우는 짐을 결코 짐승에게도 지우려 하지 않을 것이다. 짐승이 무거운 짐을 지고 낑낑대며 고꾸라지면, 당신은 불쌍히 여겨 짐을 덜어 주려고 할 것이다. 그러나 자신의 몸에 대해서는 불쌍히 여기지도 않고 짐을 덜어 주지도 않는다. 어떤 사람들은 영혼이 몸에 하도 심한 상처를 입힌 탓에, 몸 안에 머무는 동안 편안함이나 안락함을 누릴 날이 단축되기도 한다.

이것은 하나님이 싫어하시는 큰 죄다. 그분은 우리의 몸을 자상히 돌보시는 분이므로, 설령 죄로 인한 근심일지라도 우리가 너무 많은 근심에 잠기지 않게 하신다.^{고후 2:7} 그렇다면 일시적인 상실로 인한 표면적 근심은 얼마나 더 적어야 하겠는가? 당신의 체력을 그보다 더 나은 목적을 위해 써야 하지 않겠는가? 앞으로 당신은 어떻게든 건강과 기력을 되찾아 하나님을 위해 쓰고 싶은 날이 올 수도 있다. 그런데 지금 고통 때문에 체력을 펑펑 낭비하며 헤프게 탕진하고 있다. 아무런 목적이나 유익도 없이 말이다.

그런 의미에서 다윗은 최고의 지혜를 보여주었다. 분명히 이 것은 우리가 본받으라고 기록된 말씀이다. 아이가 죽자 다윗은 애통을 멈추고 일어나 몸을 씻고 음식을 먹었다.삼하 12:20

다섯째, 고난 때문에 영혼이 비뚤어져 하나님의 손길에 대해 속 으로 불만과 원한을 품는다면, 이는 죄로 가득한 슬픔이다. 이럴 때 우리는 주님 앞에서 낮아져야 한다.

하나님이 나 자신이나 가족에게 어떤 일을 하시든, 우리는 늘 그분을 좋게 생각해야 한다. 경건한 심령은 고난 중에도 하나님 과 점점 더 가까워지며, 하나님이 심하게 치셔도 그분이 옳으시 고 그분의 행위가 다 의로우시고 거룩하시다고 고백할 수 있다. "여호와여, 내가 알거니와 주의 심판은 의로우시고 주께서 나를 괴롭게 하심은 성실하심 때문이니이다."시 119:75 이로써 영혼은 하나님을 향한 자신의 바른 마음과 진실한 사랑을 자연스럽게 입증할 수 있다. 어떤 영혼들은 시련을 통해 하나님을 제대로 사 랑하기 시작하면서, 거기서 굉장한 유익을 누린다. 하나님이 우 리의 가장 가깝고 귀한 사람을 치실 때도 그분을 선하게 여기고 자족한다면, 이는 우리가 그분의 선물만이 아니라 그분 자신까 지 사랑한다는 확실한 증거다. 어떤 현세적 이익보다도 그분 자 신이 우리의 심령에 더욱 중요해졌다는 뜻이기 때문이다. 이것 이 곧 일부 사람들이 눈앞의 쓰라린 고난을 통해 자신의 마음을 성찰한 결과로 누리는 위안이다. 잃었던 위안을 되찾을 수 있다 해도 그들은 새로 얻은 이 위안을 절대 버리지 않을 것이다.

그러나 속에 불만을 잔뜩 품고 하나님을 나쁘게 생각한다면—마치 그분이 내게 뭔가 잘못하셨거나 남보다 나를 더 심하게 다루시기라도 한 것처럼—그것은 악한 태도이자, 악한 뿌리에서 돋아난 저주의 열매이며, 아주 육신적이고 무지하고 교만한 마음이다. 적어도 마음이 아주 이상해진 상태라고 할 수 있다. 심령이 새로워진 사람도 그렇게 될 수 있다. 하나님이 박 넝쿨을 치셨을 때, 요나가 바로 그랬다. "내가 성내어 죽기까지 할지라도 옳으니이다"온 4:9라고 말할 정도였다. 가련한 요나여, 그 순간 그는 평소의 자신이 아니라 마음이 아주 이상해져 있었다. 이것은 요나의 본심이나 평상시의 상태가 아니라 예외적인 모습으로서, 유혹으로 인한 발작의 결과였다. 그래서 그의 감정이 과열되어 있었다.

감히 그렇게 말로 표현하는 사람은 드물겠지만, 마음속에 은근히 주님께 원한과 불만을 품고 있는 사람이 얼마나 많은가? 주께서 그들의 눈을 열어 그것을 보게 하신다면, 애초의 고난보다 그것이 그들을 더 아프게 할 것이다.

물론 가장 선한 심령도 주님이 고난을 주실 때 거기에 대해 삐딱하게 생각하거나 말하고 싶을 수도 있다. 나는 지금 그것을 부인하는 게 아니다. 시기심 많은 원수 마귀는 그럴 때 우리의 격정을 부채질한다. 어떻게든 잔뜩 부풀려 우리의 영혼을 지독한 불만에 빠뜨리려 한다. 다윗도 유혹이 심해지자 하나님을 야속하게 생각하며 이렇게 단정했다. "내가 내 마음을 깨끗하게 하며 내 손을 씻어 무죄하다 한 것이 실로 헛되도다."시 73:13 경건한 사람이라고 최악의 재난이 면제되는 것은 아니라는 말이다. 하지만 다윗은 금방 그런 감정을 자제했다. "내가 만일……그들처럼 말하리라 하였더라면 나는 주의 아들들의 세대에 대하여 악행을 행하였으리이다."시73:15 자칫 자신이 온 세상의 모든 경건한 사람들을 정죄할 뻔했다는 뜻이다. 그들도 다 예외 없이 다윗만큼 심하게 고난을 겪었거나 지금 겪고 있거나 앞으로 겪을 수 있기 때문이다.

"내가 죄를 지었사오니 다시는 범죄하지 아니하겠나이다."욥34:31 하나님이 당신에게 어떻게 하시든 그분과 그분의 행위를 좋게 말하고 좋게 생각하라.

여섯째, 슬픔을 계속 자극하고 충동질하여 긁어 부스럼을 만들 때 우리의 슬픔은 한계를 벗어난다.

슬픔도 사자lion처럼 우리를 죽이기 전에 가지고 놀기를 좋아한다. 이상하게도 우리는 슬픔을 들쑤시며 모종의 쾌감을 맛본다. 세네카가 말했고[17] 경험으로도 확인되듯이, 모든 슬픔에는 어떤 기쁨이 있기 때문이다. 마리아를 위로하려고 집에 함께 있던 유대인들은 "그가 급히 일어나 나가는 것을 보고 곡하러 무덤에 가는 줄로 생각하고"요11:31 따라갔다. 칼뱅Calvin은 그들이 아픔을 되살리려고 그랬다고 말했다. 그래서 사람들은 무덤에 가거나 종종 시신을 쳐다보는 것이다.

이처럼 우리는 죽은 친구의 유품을 바라보고, 고인의 행동과 말을 자주 입에 올린다. 거룩하고 중요한 교훈을 얻거나 고인을 본받기 위해서가 아니다. 만약 그러기 위해서라면 옳고 칭찬받을 일이다. 그러나 반대로 우리는 상처를 자꾸 건드려 새로 피가 나게 한다. 작고 사소한 일로 자신을 찔러 상처를 낸다. 내가 아는 사람 중에도 죽은 자녀의 모습과 행동과 말에 대해 몇 시간이고 함께 앉아 얘기하는 부모들이 많이 있다. 그들은 그런 일을 자꾸 되풀이하며 울고, 자녀가 떠난 지 몇 달이 지났는데도 늘 환부를 열어 놓고 자신의 마음에 고통을 가한다. 그래 봐야 아무런 유익이 없는데도 말이다. 이를 위해 그들은 머리털 한 움큼 같은 사소한 것들을 한사코 간직한다. 그것을 들여다보며 날마다 슬픔을 되새기려는 것이다. 이 때문에 야곱은 아들의 이름을 "내 슬픔의 아들"이라는 뜻의 "베노니"^{창 35:18}라 하지 않고 "베냐민"으로 고쳤다. 베노니라 불렀다면 매번 슬픔이 새록새록 되살아났을 것이다.

그렇다고 사랑하는 고인을 매정하게 잊어버리라는 말은 결코 아니다. 다만 이런 유치하고 무익한 기억을 강력히 비판하는 것뿐이다. 친구들이여! 매를 맞을 때 우리는 그것 말고도 할 일이 많이 있다. 하나님이 매를 드실 때, 우리는 자신의 마음과 가정을 성찰하는 것이 더 낫지 않은가? 매의 목적에 어떻게 부응해야 할지 모색하며, 매를 자초한 죄악을 버려야 하지 않겠는가? 그렇게 될 때까지는 결코 매가 선한 목적을 이루지 못한다.

일곱째, 우리를 위로하고 지지하는 건전하고 때에 맞는 모든 조언과 위로의 말을 슬픔 때문에 듣지 않을 때 슬픔은 죄로 변한다.

"라마에서 슬퍼하며 통곡하는 소리가 들리니 라헬이 그 자식 때문에 애곡하는 것이라. 그가 자식이 없어져서 위로 받기를 거절하는도다."(렘 31:15) 라헬은 아무런 위로도 받아들이지 않는다. 죽은 자식이 되돌아오는 것 말고는 그녀의 병을 고칠 길이 없다. 자식을 도로 받으면 잠잠해지겠지만, 그게 아니라면 누구의 말도 소귀에 경 읽기다. 누가 뭐라고 말하든 그녀는 신경 쓰려 하지 않는다.

이집트에서 가혹한 노역에 시달리던 이스라엘도 그랬다. 모세가 그들에게 구원의 기쁜 소식을 가져왔으나, "그들이 마음의 상함과 가혹한 노역으로 말미암아 모세의 말을 듣지 아니"했다.(출 6:9)

아픔을 겪을 때 고집스레 마음을 닫는 사람들이 많이 있다. 그래서 어떤 조언이나 위로의 말도 들어설 여지가 없다. 내가 아는 어떤 사람들은 평소 그들이 가진 재능과 자질을 뛰어넘어, 굉장히 똑똑하고 영리하게 온갖 구실과 반론을 지어내 위로를 차단한다. 마치 자신에게 불리하게 변론하도록 고용된 사람들 같다. 설사 그런 변명이 통하지 않는다 해도, 그들은 이미 아픔에 파묻혀 있어 거기서 헤어날 수 없다. 무슨 말을 들어도 그들은 상관하지 않는다. 아예 그런 말을 마음에 두지도 않는다. 누가 때에 맞는 적절한 조언이나 위로를 건네도 그들은 거부한다. 좋은 조언인데도 그것을 들을 마음이 없다. 그래서 아삽은 "내 영혼이 위로 받기를 거절하였도다"(시 77:2)라고 했다.

고난의 때에 당장 위로를 바라면 고난이 가중된다. 하지만 위로가 주어지는데도 거부한다면 죄가 없지 않다. 위로를 기꺼이 받고 싶거나 지지의 말을 듣고 싶어도 그럴 수 없는 때가 올지 모른다.

바나바처럼 위로하는 사람이 곁에 있으면 고난받는 사람들에게 은총이다. 그런 사람은 천에 하나쯤 있을 정도로 귀하다. 그런 사람이 준비하여 건네는 탁월한 위로의 말을 물처럼 땅에 쏟아 버린다면, 그것은 큰 죄요 어리석은 일이다. 그것은 고난받는 사람들의 심령이 아픔 때문에 뻐딱해지거나 죽었기 때문이다. 그러므로 예레미야애가 3:18-19 말씀을 그들과 함께 고백해서는 안 된다. "여호와께 대한 내 소망이 끊어졌다 하였도다. 내 고초와 재난 곧 쑥과 담즙을 기억하소서." 고난의 쑥과 담즙이 그리스도인에게 너무 역겨워 그리스도와 그분의 약속들에 담긴 달콤한 맛을 한시도 음미할 수 없다면, 그것은 정말 유감 천만이다.

지금까지 내가 말하려는 목표의 첫 부분을 서둘러 전했다. 애통하는 사람들에게 어디까지가 죄가 아니고 어디부터가 죄인지를 밝혔다.

chapter 05

애통하는 비신자들을 위한 조언

지금까지 죄와 위험이 어디에 있는지 정리하고 밝혔으니 이제 두 번째 목표로 넘어갈 준비가 되었다. 그것은 바로 애통하는 사람들에게 권고하여 과도한 슬픔으로 죄에 빠지지 않게 하고, 고난의 때에 자신의 감정에 적당히 재갈을 물리게 하는 일이다. 아비가일의 말이 다윗에게 좋은 결과를 가져왔듯이, 내 말도 이 글을 읽는 수심에 잠긴 영혼들에게 그랬으면 좋겠다. 다윗은 아비가일의 말이 적절하고 때에 맞는 말임을 깨닫고 이렇게 말했다. "오늘 너를 보내어 나를 영접하게 하신 이스라엘의 하나님 여호와를 찬송할지로다. 또 네 지혜를 칭찬할지며!"^{삼상 25:32-33}

내가 하려는 일이 얼마나 어려운 일인지 잘 알고 있다. 걷잡을 수 없이 사납게 날뛰는 감정을 달래고 진정시키기란 쉽지 않기 때문이다. 격한 감정을 저지시키려 할수록 대개 감정을 더 자극하며 들쑤시고 돋울 뿐이다.

그래서 이것은 주님이 하셔야 할 일이고, 전적으로 그분의 능력과 복 주심에 달린 일이다. 풍랑이 몰아치는 바다를 향해 "잠잠하라"^{막 4:39}고 명하시는 분이라면, 고난받는 사람의 가슴속에 사납게 날뛰는 요란한 바다도 잠잠하게 가라앉히실 수 있다. 그런 바다에서 밀려오는 것이라고는 자신의 고통에 대해 헛되고 무익한 원망의 포말, 그리고 주님의 다루심에 악하게 대드는 죄의 모래뿐이다.

고난의 매는 사람을 가리지 않고 누구에게나 찾아온다. 의로운 사람과 불의한 사람에게 똑같이 임한다. 의인도 악인도 모두 매를 맞고 애통한다. 우리는 신자들에게 너무 마음을 쓰느라 비신자들을 완전히 외면해서는 안 된다. 비신자들도 가족이나 친구를 향한 애정이 비록 한결같지는 못해도 누구 못지않게 깊고 애틋하기 때문이다. 따라서 그들을 아무런 위안도 없이 무거운 짐에 허덕이도록 완전히 그냥 두어서는 안 된다.

그러므로 나도 두 종류의 사람을 생각해야 한다. 양쪽 다 사랑하는 사람과 사별하고 눈물을 흘리고 있다. 하나는 중생한 사람이고 하나는 중생하지 못한 사람이다. 나는 양쪽 모두에게 빚진 자이기에 힘써 그들을 지지하고 도와야 한다. 중생하지 못한 사람들에게도 우리의 도움과 긍휼이 필요하며, 우리도 고난 중에 있는 그들을 외면하거나 완전히 무시해서는 안 된다. 자신을 불쌍히 여길 줄 모르는 그들을 우리가 불쌍히 여겨야 한다.¹⁸ 하나님의 율법에 보면, **짐승**이 짐을 싣고 가다 넘어져도 그 짐승을 도와주라고 우리에게 명하고 있다. 그러니 슬픔의 짐을 지고 쓰러지는 **사람**에 대해서는 오죽하겠는가.

솔직히 평소에 우리는 중생하지 않은 사람들을 잘 위로하지 않는다. 그래서 그리스도나 그분의 약속들과 특별한 관계도 없는 그들을 왜 지지해야 하는지 이상하게 생각할 수 있다. 사실 나로서도 아주 불리한 입장에서 이 일에 임해야 한다. 하나님의 사람들에게는 고난 중에도 그분의 언약이 있지만, 중생하지 않은 사람들에게는 소생의 위로를 건넬 수 없기 때문이다. 그런 위로는 그리스도 안에만 있기 때문이다. 그러나 하나님은 원수에게도 선하신 분인지라 그들을 완전히 그냥 두지 않으신다. 그들을 도우시고, 슬픔을 달랠 방도를 주신다.

이 글을 읽는 당신이 그런 경우일 수 있다. 당신은 구원받지 못한 상태에서 고난을 받았다. 그래서 죽은 친구를 위해 통곡하고 있다. 당신은 자녀나 친구만 잃은 게 아니라 그리스도와 은혜도 없기에, 자신의 죽은 영혼을 위해 더 애통해야 할 처지다. 당장 아무런 위로도 없고 소망도 없다. 온통 아픔뿐이고, 마음을 풀어낼 기도나 신앙의 배출구도 없다. 가련한 사람이여! 당신의 처지는 정말 딱하다. 하지만 완전히 무너져 내려 슬픔에 잠겨서는 안 된다. 사랑하는 사람을 땅에 묻었다 해서 당신까지 무덤으로 따라 들어가서는 안 된다. 그것은 고통을 치유하는 방법이 아니다. 잠시 자리에 앉아서 다음 세 가지를 깊이 생각해 보기 바란다.

첫째, 세상 만민 중에서 당신이야말로 자신의 목숨과 건강을 가장 잘 돌보고 지켜야 할 사람이다. 당신이 고통에 겨워 쓰러져 죽으면 영원히 구원을 잃고 망하기 때문이다. 사도의 말처럼 "세상 근심은 사망을 이루는 것"고후 7:10이다. 당신의 경우는 슬픔이 사망뿐 아니라 영원한 저주까지 이룬다. 청황색 말로 상징되는 사망 뒤에 지옥이 따라오기 때문이다.계 6:8 신자는 죽어도 지옥에 갈 위험이 없다. 그에게는 둘째 사망이 아무런 권세가 없다. 하지만 비신자인 당신은 죄 중에 있으므로 죽음이 닥치면 화가 임한다. 그러므로 자신의 건강과 목숨을 해치지 않도록 조심하라. 당신은 실낱 하나에 의지하여 지옥의 아가리 위에 대롱대롱 매달려 있다. 슬픔의 촛불을 그 실낱에 너무 가까이 두지 말라. 지옥에서 소망과 구원을 잃는 것보다 차라리 이 땅에서 자녀나 친구를 잃는 게 훨씬 낫다.

둘째, 고난 중에 당신에게 나타난 하나님의 은혜와 선하심을 인정하고 감탄하라. 죽음이 당신의 가정에 들어와 한 사람을 쳐서 데려갈 때, 그 운명이 임한 사람은 당신이 아니었다. 당신의 남편이나 아내나 자녀는 불려갔지만, 당신은 이렇게 남아 있다. 당신이 불려갔다면 이미 모든 소망이 사라졌을 것이다.

하나님은 얼마나 너그럽고 자비로운 분이신가! 얼마나 놀랍도록 당신을 향해 오래 참으시는가! 가련한 고인은 아마 당신만큼 하나님을 진노하시게 하지 않았을 것이다. 당신의 가련한 자녀는 은총을 욕되게 하거나 사명을 소홀히 한 적이 없다. 그의 죄는 다 합해도 당신이 지은 죄의 만분의 일도 되지 않는다. 그러니 죽음이 임했어야 할 대상은 불쌍한 어린 자식이 아니라 하나님을 그토록 진노하시게 한 당신이라고 생각되지 않는가?

하지만 하나님의 인내는 놀랍기 그지없고, 그분의 오래 참으심은 한없이 풍부하다! 그분은 당신을 치지 않으시고 경고만 보내셨다. 감사할 일이지 않은가? 이 땅에서 다른 사람을 위해 검은 옷을 입는 것이 영원히 캄캄한 어둠에 들어가는 것보다 낫지 않은가? 사랑하는 고인을 따라 무덤에 가서 우는 것이 저주받은 사람들만 있는 지옥에 가는 것보다 쉽지 않은가? 그곳에 가면 슬피 울며 이를 갈게 된다.

셋째, 당신이 애통하는 이 고난은 여태까지 세상에서 당신에게 임한 가장 큰 자비일 수 있다. 하나님은 이번 고통을 통해 당신의 마음을 부드럽게 녹이셨고, 세상의 허무함을 보여주셨다. 당신이 행복으로 삼았던 것이 얼마나 초라하고 보잘것없는지도 알게 하셨다. 이제 당신의 모든 세상적 위안 위에 먹구름이 드리워졌다. 생각해 보라! 주께서 이 고난을 보내 당신의 눈을 열어 자신의 비참한 상태를 보게 하시고, 당신의 마음을 헛된 세상으로부터 영원히 떼어내 당신이 그리스도를 선택하게 하신다고 하자. 어차피 이제 세상에는 당신이 보기에도 아무것도 없다. 그렇지만 그리스도는 당신이 영원히 누릴 수 있는 유일한 분깃이다. 또한, 이 고난이 당신의 죄를 기억나게 하고, 죽은 친구가 당신의 죽은 영혼을 깨닫게 한다고 하자. 당신의 죽은 영혼은 하나님과 영적인 세계에 대해 친구의 시신만큼이나 싸늘하다. 그분이 보시기에 시신보다 더 역겹고, 머잖아 인간이 보기에도 그리될 것이다. 그렇다면 오늘이야말로 당신의 평생에 가장 큰 자비가 임한 날이다. 당신의 영혼에 생명을 가져다준다면 그 죽음은 얼마나 복된 것인가!

정말 주님은 때로 사람들을 그렇게 다루신다. "혹시 그들이 족쇄에 매이거나 환난의 줄에 얽혔으면 그들의 소행과 악행과 자신들의 교만한 행위를 알게 하시고 그들의 귀를 열어 교훈을 듣게 하시며 명하여 죄악에서 돌이키게 하시나니."욥 36:8-10

수심에 잠긴 가련한 사람이여, 생각해 보라. 하나님께 가지 못하도록 당신의 마음을 빼앗아가던 것이 이제 없어졌다. 하나님과 영혼과 영원이 들어설 여지가 없도록 당신의 시간과 생각을 독식하던 것이 사라졌다는 말이다. 당신은 그 가련한 사람에게 온갖 헛된 기대를 품었지만, 이제 그는 하루아침에 죽어 땅속에 누워 있다. 이제 당신은 이전의 그 어느 때보다도 천국을 찾기에 유리한 입장이 되었다! 하나님이 이 매에 복을 주신다면 당신은 이날로 인해 두고두고 감사하게 될 것이다.

지금까지 살펴본 세 가지를 당신이 깊이 생각해 보기를 위해 기도한다. 당신에게 더 이상의 위로는 베풀 수 없다. 당신의 상태가 최선의 위로를 막고 있다. 최선의 위로는 하나님께 속한 사람들의 몫이며, 당신은 아직 그들과 아무런 관계도 없기 때문이다.

그래서 이제부터 그들에게로 시선을 돌려 몇 가지 더 좋은 위로를 건네려 한다. 이것은 당연히 그들의 몫이다. 물론 당신이 읽어도 큰 유익이 될 수 있다. 이를 통해 당신이 하나님께 속한 사람들의 복된 상태와 특권을 깨닫게 된다면 말이다. 그들은 세상에서 최악의 아픔에 빠져도 당신보다 유리한 처지에 있다. 그리스도와 관계를 맺고 있어서 평안과 안정을 누리기 때문이다.

chapter 06

애통하는 신자들을 위한 위로

고난받은 사람들에게 조언과 위로를 베푸는 나의 일은 이제부터 한결 자유로울 뿐 아니라 성과를 낼 가망성도 훨씬 커진다. 당신은 주님을 경외하며 그분의 말씀 앞에 떠는 사람이다. 적어도 당신에게는 최악의 고난보다 죄가 더 끔찍하다. 틀림없이 당신은 하늘 아버지를 슬프시게 하고 진노하시게 하느니 차라리 모든 자녀와 사별하는 쪽을 택할 것이다. 자녀와 친구도 소중하지만, 그리스도가 당신에게 훨씬 소중하기 때문이다.

그렇다면 한동안 골방으로 물러나기를 바란다. 무익한 슬픔일랑 접어두고 잠시 시간을 내라. 주님 앞에서 마음을 비우고 긴장을 풀라. 지금부터 몇 가지 생각할 것을 제시하고자 한다. 주께서 거기에 복을 주시도록 기도하라. 그것이 당신의 마음을 차분히 가라앉혀 주고 위안을 줄 것이다. 그중에는 일반적이고 보편적인 내용도 있고, 특수하고 특별한 내용도 있다. 하지만 하나님이 복을 주시면 그 모두가 지금 당신의 영혼에 큰 유익이 될 수 있다.

생각 ❶ 당신이 지금 아파하고 있는 이 매를 누가 계획하고 마련했는지 이 슬픔의 날에 생각해 보라. 주님이 아니신가? 주께서 행하신 일이라면 당신은 순순히 복종하는 게 마땅하다. "너희는 가만히 있어 내가 하나님 됨을 알지어다."시 46:10

인간과 인간은 평등한 존재다. 동료 인간이 당신의 마음에 들지 않는 행동을 한다면, 당신은 누가 그랬는지는 물론 왜 그랬는지까지 물어볼 수 있다. 그런 행동을 한 근거와 이유를 따질 수 있다. 하지만 주님께는 그럴 수 없다. **주께서 행하셨다**는 그 사실 하나로 당신은 잠잠히 입을 다물어야 한다. 그분이 무슨 일을 행하셨든 더는 논쟁이나 항변이 있을 수 없다. "하나님께서 사람의 말에 대답하지 않으신다 하여 어찌 하나님과 논쟁하겠느냐." 욥 33:13 하나님은 누구에게도 책임질 필요가 없으시며, 누구의 통제도 받지 않으시는 분이다.

자녀가 아버지에게 따지거나 종이 주인과 다투는 것은 수치스러운 일이다. 하물며 피조물이 자기를 지으신 하나님과 싸우고 논쟁하는 것은 얼마나 큰 수치인가! 당신을 존재하게 하신 그분의 뜻에 복종하는 것이 오히려 지당한 일이다. 당신과 당신의 가족을 지으신 분이라면, 당연히 그 모두를 그분이 보기에 좋은 대로 처분하실 수 있다. 사무엘하 3:36에 "왕이 무슨 일을 하든지 무리가 다 기뻐하므로"라는 말씀이 있다. 주님이 행하시는 일 중에 당신이 기뻐하지 않을 일이라도 있는가? 그분은 잘못하실 수 없다. 우리가 자기 집의 정원을 거닐다가 장미 꽃봉오리 하나를 꺾는다 해서 누가 우리를 비난하겠는가? 우리 것이니 우리 마음대로 꺾어도 된다. 지금 당신도 그렇지 않은가? 어여쁜 봉오리 같은 당신의 자녀가 다 피기도 전에 꺾였다. 하지만 그를 꺾으신 분은 그의 소유주이자 본래 그를 지으신 분이다.

그분의 통치가 절대적일진대 우리는 그분의 처분에 당연히 만족해야 한다. 엘리가 좋은 본을 보였다. "이는 여호와이시니 선하신 대로 하실 것이니라."삼상 3:18 다윗도 마찬가지다. "내가 잠잠하고 입을 열지 아니함은 주께서 이를 행하신 까닭이니이다."시 39:9 우리는 "여호와라 이름하신 주만 온 세계의 지존자"이심을 영원히 잊어서는 안 된다.시 83:18

하나님의 영광스러운 주권은 두 가지를 통해 눈부시게 나타난다. 하나는 그분의 뜻이고 또 하나는 그분의 섭리다. 먼저, 뜻에 관해서는 그분은 "내가……불쌍히 여길 자를 불쌍히 여기리라"롬 9:15고 말씀하신다. 전혀 그분과 논쟁을 벌일 일이 아니다. "이 사람아, 네가 누구이기에 감히 하나님께 반문하느냐. 지음을 받은 물건이 지은 자에게 어찌 나를 이같이 만들었느냐 말하겠느냐. 토기장이가 진흙 한 덩이로……만들 권한이 없느냐."롬 9:20-21

하나님의 주권은 또한 그분의 섭리를 통해 나타난다. 이에 관해서는 스가랴 2:13에 이런 말씀이 있다. "모든 육체가 여호와 앞에서 잠잠할 것은 여호와께서 그의 거룩한 처소에서 일어나

심이니라." 이는 많은 나라의 흥망성쇠를 주관하시고 역사하시는 그분의 섭리에 대한 말씀이다.

사정이 이러하므로 당신은 이번 생각을 통해 아주 잠잠해야 한다! 주께서 자신의 기쁘신 뜻대로 행하신 일이다. 그분의 뜻이 아니었다면 결코 이런 일이 있을 수 없었다. 당신에게 가족을 주신, 정확히 말해서 잠시 빌려주신 분이 그를 데려가셨다. 당신을 여러 해 동안 세 들어 살게 해준 집주인이 마침내 당신에게 나가라고 통지한다고 하자. 그가 이유를 밝히지 않는다 해도 당신은 그와 다투거나 그가 잘못했다고 말하지 않을 것이다. 그가 이유까지 밝힌다면, 곧 임대를 그만두고 직접 소유하는 것이 본인에게 더 유익하고 편하다고 말한다면 그때는 더 말할 것도 없다.

당연히 당신은 조용히 짐을 싸서 나갈 것이다. 주님도 당신의 위대한 집주인이시다. 당신의 생명과 가족의 생명은 그분이 자기 뜻대로 잠시 빌려주신 것이다. 그런데 이제 그분이 당신에게 가족 중 한 사람의 삶에서 나가라고 통지하신다. 죽음을 통해 그를 직접 소유하시는 것이 그분께 더 큰 영광이 될 수도 있다. 그런데도 당신은 이 일로 그분과 논쟁해야 하겠는가?

그리스도인이여, 당신은 그래서는 안 된다. 오히려 "주신 이도 여호와시요 거두신 이도 여호와시오니 여호와의 이름이 찬송을 받으실지니이다"욥 1:21라고 고백해야 한다. 죽은 사람은 그만 쳐다보고 눈을 들어 지혜롭고 거룩하신 주권자를 보라. 당신의 기쁨인 그분이 이 고난을 명하셨다. 그분이 누구이며 당신이 무엇인지 생각해 보라. 당신의 입에서 "이제 나는 하나님의 뜻으로

족하다"는 고백이 나올 때까지 이번 생각을 놓지 말라.

생각 ❷ 자녀라는 위안거리의 속성을 생각해 보라. 하나님이 데려가시기 전에도 그것이 낮고 흔한 수준의 위안에 지나지 않았음을 기억하라. 자녀를 비롯한 모든 관계는 하나님이 자신의 친구들에게나 적들에게나 차별 없이 주시는 흔한 복에 지나지 않는다. 자녀를 두었거나 혹은 잃는다 해서 그 자체로 누구도 사랑이나 미움을 아는 게 아니다. 시편 17:14에 보면 악인들도 자녀로 만족한다고 했다. 게다가 이 자녀들은 부모보다 오래 산다. 그래서 부모는 "남은 산업을 그들의 어린아이들에게 물려"준다. 죄도 많고 자식들도 많다. 이 자녀들이 살아서 부모의 죄와 재산을 함께 물려받는다. 그러므로 우리가 어떤 기쁨을 상실했다고 해서 과도한 아픔에 빠진다면, 이는 그 기쁨의 속성과 본질을 착각한 것이다. 우리는 가족과 내 행복이 필연적으로 연관되어 있다고 생각한다. 그래서 가족이 죽으면 완전히 무너져 버린다. 하지만 그런 필연적 연관성이나 인과성은 존재하지 않는다. 우리는 가족이 없이도 행복할 수 있다. 최고의 복과 은총은 부모나 아내나 자녀에게 있지 않다. 우리에게는 이보다 더 좋고 고귀하며 영원한 것들이 있다. 가족이 다 죽어도 우리의 영혼은 안전하고 무사할 수 있다. 가족이 다 떠나도 우리의 위안은 확고부동할 수 있다. 영원 속에서만이 아니라 지금도 마찬가지다. 하나님은 이보다 좋은 것들로 자기 백성을 위로하신다. 반대로 그분의 매는 가족을 데려가시는 것보다 더 혹독하게 임할 수도 있다. 하나님이 자녀를 살려두어 잘되게 하시고 가정에 평안과 안식을 주신다 해도, 당신의 영혼에 영적 심판을 내리신다면 당신의 처지는 얼마나 더 딱하겠는가!

하지만 최고의 은총이 모두 안전하게 남아 있는 한, 당신은 가족을 잃어도 큰 차질이나 지장 없이 최종 목표에 도달할 수 있다. 어차피 덧없는 것들은 잃어도 괜찮다. 구원을 주는 것들만 남아 있으면 된다.

그리스도의 뜻은 결코 당신에게 육신의 만족을 주는 것이 아니며, 이 땅의 위안에서 기쁨을 얻게 하는 것도 아니다. 그분의 뜻은 당신을 모든 죄악에서 구속하고, 당신의 부정한 것을 정결하게 하며, 본성을 성화시키고, 마음을 허무한 세상에서 떠나게 하는 것이다. 그분은 당신이 이 땅에서 안식과 만족을 얻지 못하도록 현재의 형편을 적절히 안배하신다. 덕분에 당신은 장차 하나님의 백성에게 임할 안식을 더욱 간절히 사모하고 열망하게 된다. 당신은 사별을 겪기 이전 못지않게 지금도 그 목표를 향하여 확실히 나아가고 있지 않은가? 더 즐겁고 형통한 섭리 못지않게 이런 고난의 섭리도 당신의 마음을 세상에서 떠나게 하지 않는가? 최종 목표와 궁극적 계획을 최대한 진척되게 하고 공고히 하는 환경이 우리에게 가장 좋은 상태다. 지혜로운 사람은 누구나 그렇게 여긴다.

그렇다면 고인이 살아 있을 때 못지않게 곁에 없는 지금도 당신이 좋은 상태라고 여기라. 어쩌면 지금이 더 좋을 수도 있다. 그 사람이 하나님을 향한 당신의 애정에 걸림돌과 덫이 되었다면 말이다. 당신의 영원한 행복은 무엇에 있는가? 그것만 견고하다면 당신은 정말 아무것도 잃은 게 없다. 하나님의 소중한 자녀 중에는 아예 처음부터 이런 위안을 받지 못했거나 나중에 박탈된 경우도 많이 있다. 그래도 그들은 그것 때문에 그리스도와 천국으로부터 결코 더 멀어지지 않았다.

생각 ❸ 사별이 아무리 이르고 뜻밖이라 해도 항상 기억해야 할 것이 있다. 상대가 떠난 것은 임대 기간이 만료되었기 때문이며, 당신은 하나님이 허락하신 기간에서 한순간도 모자라지 않게 그를 누렸다는 점을 기억하라.

애도 중인 고인이 태어나기 전부터 당신이 그를 누릴 기간과 이별의 때는 정해져 있었다. 모든 생명의 주인이신 하나님이 천국에서 불변의 기한을 정해 두셨기 때문이다. 친구가 살아 있는 동안에는 그 기한이 비밀에 가려져 있었지만, 이제 아주 분명해졌다. 지금이 정해진 이별의 때다. 친구의 수명은 결코 더 늘어나거나 단축될 수 없다. 여기까지만 당신 곁에 있다가 당신을 떠나야 한다.

우리는 이런 입장의 근거를 성경에서 충분히 확인할 수 있다. 예컨대 욥기 14:5은 얼마나 풍부하고 의미심장한 말씀인가. "그의 날을 정하셨고 그의 달수도 주께 있으므로 그의 규례를 정하여 넘어가지 못하게 하셨사온즉." 우리의 수명은 물론 거주지까지 우리가 태어나기 전부터 정해져 있었다.

당신이 사랑하는 고인과 헤어진 것은 정해진 기한이 찼기 때문이다. 이 진리를 확실히 붙들면 안정과 평안을 얻는 데 큰 도움이 된다. 이로써 많은 고통을 예방하고 면할 수 있기 때문이다. 그런 고통은 우리의 결과론적 사고에서 비롯된다.

"그렇게만 했더라면! 그러지 말았더라면! 그런 잘못과 과실만 없었다면 사랑하는 남편이나 아내나 자녀가 지금도 살아 있을 텐데!" 그러나 절대 그렇지 않다. 주님의 때가 찼을 뿐이다. 그래서 모든 일이 협력하고 동조하여 그분의 기쁘신 뜻을 이룬 것이다. 당신은 그것으로 만족해야 한다. 세상 최고의 의사들이 그 자리에 있어 다른 처방을 내놓고 온갖 조처를 했다 해도 결과는 지금과 같았을 것이다. 다만 한 가지 주의할 것이 있다. 곧, 죽음이 하나님의 뜻이라 해서 인간의 고의적 태만이나 악의적 잘못까지 정당화되는 것은 결코 아니라는 점이다. 하나님은 그것까지도 초월하여 자신의 목적을 이루시지만, 결코 그것을 용인하지는 않으신다. 하지만 치료 방법이나 절기와 관련된 모든 본의 아닌 과실이나 불가피한 실책은 크게 문제 되지 않는다. 어떻게 했더라도 지금과 다를 수 없다.

반론 하지만 이 입장에 대한 반론도 많이 있다. 다음과 같은 성경 말씀이 그런 반론을 단단히 뒷받침하는 것처럼 보인다. "피를 흘리게 하며 속이는 자들은 그들의 날의 반도 살지 못할 것이나."시 55:23 "어찌하여 기한 전에 죽으려고 하느냐."전 7:17 "하나님이여, 나의 중년에 나를 데려가지 마옵소서."시 102:24 "나의 여생을 빼앗기게 되리라 하였도다."사 38:10 "여호와를 경외하면

장수하느니라. 그러나 악인의 수명은 짧아지느니라."^{잠 10:27} 앞서 말한 대로 죽음의 때가 불변으로 정해져 있다면, 이런 말씀은 도대체 어떤 의미로 받아들여야 하는가?

답변 죽음과 죽음의 때를 구분하면 이 모든 말씀의 의미가 아주 시원하게 풀린다.

우선 **자연사**와 **횡사**를 구분해야 한다. 피를 흘리는 악인들이 그들의 날의 반도 살지 못한다는 말은 자연사할 때 살 수 있는 길이의 절반이라는 뜻이다. 본래의 체력과 건강을 잘 유지하며 살 때와 비교해 그렇다는 뜻이다. 지나친 주색잡기로 몸이 축날 수도 있고, 악행에 대해 법의 처벌을 받을 수도 있기 때문이다. 그래서 그들은 수명이 반도 차기 전에 자신의 악행 때문에 요절한다.

아울러 **일반** 수명과 **특별** 수명도 구분해야 한다. 현재 **일반** 수명은 70-80세다. "우리의 연수가 칠십이요 강건하면 팔십이라도 그 연수의 자랑은 수고와 슬픔뿐이요."^{시 90:10} 노아 홍수 이후로 인간의 수명은 대체로 그렇게 짧아졌다. 간혹 예외도 있지만, 일반 원칙은 무너지지 않는다.

반면 **특별** 수명은 하나님이 자신의 지혜와 뜻을 따라 각 개인에게 정해 주신 기한이다. 이 기한은 분명히 고정불변이며, 우리로서는 막상 죽음이 찾아와야만 알 수 있다. 따라서 죽음의 시점은 하나님의 뜻에 따른 것이며, 모든 것이 그 뜻에 들어맞게 되어 있다.

하지만 일반 수명은 알려져 있고 특별 수명은 하나님만 아시는 비밀이다 보니, 우리 인간은 전자를 기준으로 생각하는 경향이 있다. 그래서 30-40대에 죽은 사람을 두고 중년에 요절했다고 말하는 것이다. 일반 수명을 기준으로 보면 그렇지만 특별 수명을 기준으로 보면 수명이 다했기에 죽은 것뿐이다.

요컨대 악인이 조기에 죽는다는 말은 일반 수명에 못 미친다는 뜻이지, 하나님이 정해 주신 기한 전에 죽는다는 뜻이 아니다. 반론의 근거로 제기되는 다른 모든 성경 구절들도 마찬가지다.

주제의 성격상 여기서 변론에 빠지는 것은 적절하지 못하다. 특히 사별의 슬픔에 젖어 애통하는 사람에게 그것은 즐거운 일이 아니다. 적어도 이 시점에서는 적절하지 못하다. 그래서 나도 현재로는 변론을 접어두고, 이번 생각을 하나의 겸허하고 진지한 제안으로 마무리하려 한다. 고난받은 사람들은 이 부분을 지혜롭게 생각해야 한다. 주님의 때가 되었다고 말이다. 죽은 자녀가 당신과 함께 산 시간은 하나님이 뜻하신 기한에서 한순간도 모자라지 않았다. 하나님은 그가 태어나기 전부터 그 수명을 정해 두셨다.

부모들이여! 부디 명심하기 바란다. 주님은 당신의 자녀가 모태에 머무는 기한을 정확히 정해 두셨다. 임신 기간이 꽉 차면[19] 아기는 세상으로 나와야만 한다. 당신도 기꺼이 원하는 바가 아닌가? 아무리 아기를 사랑하는 자애로운 엄마라도 아기가 계속 태중에 살기를 바라지는 않을 것이다. 마찬가지로 그 자녀는 하나님이 정하신 때가 되면 죽음을 통해 세상에서 나와야 한다. 똑같은 이유에서 우리는 그것을 기꺼이 원해야 한다. 넓은 세상에서 살아갈 날에 비하면 태중의 삶은 잠깐에 지나지 않듯이, 우리의 인생도 천국의 삶에 비하면 찰나일 뿐이다.

그러므로 아무도 자녀의 죽음을 요절이라 말해서는 안 된다. 하나님이 장차 천국에 모으기로 뜻하신 사람들이라면, 그분이 어떻게든 그곳에 적합하도록 성숙하게 하신다. 우리가 그 방법을 모를 뿐이다. 그들은 비록 성장이 덜 된 상태로 숨지지만, 적합성에 관한 한 성년의 나이에 죽는 것이다.

사계절을 정하신 분이 우리에게 위안의 관계를 허락하실 기한도 정하셨다. 계절이 바뀔 수 없듯이 그 기한도 바뀔 수 없다. 섭리의 모든 과정은 그분의 변하지 않는 뜻에 따라 진행된다. 우리에게 우연처럼 보이는 일도 사실은 하나님이 정하신 필연이다. 그러므로 우리는 그분의 뜻 안에서 잠잠해야 한다. 마땅히 그리되어야 할 일이 된 것뿐이다.

생각 ❹ 하나님이 당신의 귀한 자녀를 쳐서 당신의 "눈에 기뻐하는 것"젤 24:16**을 데려가셨는가? 그렇다면 그것을 인내로 감당하며 말없이 순복하라. 자녀가 죽었을 때보다 살아 있을 때 당신의 고통이 더 클지 누가 알겠는가?**

일찍이 어느 거룩한 사람이 가슴 아픈 일을 겪으며 이런 말을 했다. "살아 있는 자식 하나를 위해 우는 것보다 차라리 죽은 자식 열을 위해 우는 게 낫다." 살아 있는 자식은 끊임없이 부모의 속을 썩이며, 끝없는 죽음을 안겨 줄 수 있기 때문이다. 다윗이 아비새에게 한 말은 얼마나 서글픈 말인가. "내 몸에서 난 아들도 내 생명을 해하려 하거든."삼하16:11 세네카는 친구 마룰루스Marullus 가 자녀의 죽음에 파묻혀 헤어나지 못하자 위로의 편지에 이렇게 썼다.

"내 아들이 살아 있었다면 내 훈육을 통해 그에게 얼마나 놀라운 겸손과 도리와 지혜를 길러 주고 싶어 주었겠는가?" 마룰루스의 이 말에 세네카는 이렇게 대답했다. "하지만 그 아이도 대부분의 다른 자식들처럼 되었을 수 있네. 그게 더 두려운 일이지. 생각해 보게. 더없이 훌륭한 집안에서도 어떤 아이들이 나오는지 말일세. 자신은 물론 다른 사람들까지 정욕에 빠뜨리지 않는가. 지독한 악으로 얼룩지지 않는 날이 그들의 평생에 하루도 없다네."20

물론 당신은 자녀를 애틋이 사랑하기에 자녀의 악한 면을 여간해서 시인하지 않을 것이다. 당신에게 자녀는 예쁘고 사랑스럽고 순진한 존재였다. 그래서 당신은 추호도 의심하지 않는다. 당신의 교육과 기도로 자녀가 부모의 마음을 기쁘게 하는 사람이 되었으리라는 것을 말이다.

분명히 에서도 어렸을 때는 야곱만큼 부모에게 큰 위안이 될 소지가 있었다. 훌륭한 부부인 이삭과 리브가는 분명히 야곱 못지않게 에서를 위해서도 많이 기도했을 것이고, 에서에게도 거룩한 훈계를 많이 베풀었을 것이다. 하지만 에서는 장성하여 부모에게 통한의 골칫거리가 되었다. "에서가 사십 세에 헷 족속 브에리의 딸 유딧[을]……아내로 맞이하였더니 그들이 이삭과 리브가의 마음에 근심이 되었더라."^{창 26:34-35} 여기 '근심'으로 옮겨진 단어는 '쓰라리게 하다'라는 말의 어근에서 왔다. 에서는 부모에게 반항하고 훈계를 멸시하여 부모의 마음을 쓰라리게 했다.

분명히 아브라함도 당신 못지않게 자녀를 엄격히 훈육했을 것이다. 이 부분에서 하나님께 그보다 더 큰 칭찬을 받은 사람은 없다. "내가 그로 그 자식과 권속에게 명하여 여호와의 도를 지켜 의와 공도를 행하게 하려고 그를 택하였나니."^{창 18:19} 분명히 그도 당신 못지않게 자식들 특히 아들 이스마엘을 위해 기도를 많이, 아니 매우 자주 했을 것이다. 그중 아주 기구한 기도 하나가 창세기 17:18에 기록되어 있다. "이스마엘이나 하나님 앞에 살기를 원하나이다." 하지만 알다시피 이스마엘은 결국 아브라함에게 아무런 위안도 주지 못하는 아들이 되었다. 에서가 이삭과 리브가에게 전혀 위안이 되지 못한 것과 마찬가지다.

이렇듯 자녀가 부모에게 미덕과 기품보다 악덕과 죄악을 보여 줄 때가 얼마나 더 많은지 모른다! 자녀의 삶 속에서 빛나는 하나님의 은혜를 보며 기뻐하는 부모가 한 명이라면, 자녀의 타락한 행실을 보며 근심하고 괴로워하는 부모는 스무 명, 아니 백 명쯤 될 것이다.

플루타르코스^{Plutarchos}가 『윤리론집』^{Moralia} 21에서 말했듯이, 네

오클레스가 생전에 본 것은 아들 테미스토클레스가 고결한 승리를 얻는 모습이 아니었다. 밀티아데스가 본 것도 아들 키몬이 전쟁터에서 이기는 모습이 아니었다. 크산티푸스가 들은 것은 아들 페리클레스의 설교나 연설이 아니었고, 아리스톤은 아들 플라톤의 강연과 토론을 한 번도 듣지 못했다. 오히려 플루타르코스의 말마따나 대체로 부모들은 자녀가 도박과 향락과 술과 매춘에 빠지는 모습을 보게 된다. 그런 모습을 보며 슬퍼하는 부모들이 허다하다. 당신이 경건한 사람이라면 그럴 때 얼마나 마음이 아프겠는가! 다윗이 압살롬에 대해 말했듯이, "내 몸에서 난" 자식이 하나님께 죄를 짓고 있으니 말이다. 당신은 하나님을 사랑하며, 그분의 영광을 자신의 목숨보다 더 소중히 여기는 사람이 아닌가!

자녀는 마땅히 공손하고 장래가 촉망되는 존재가 되어야 한다. 하지만 그런 자녀에게 당신이 차마 보지 못할 재앙이 닥칠 수도 있다. 시드기야에게 그것이 얼마나 슬프고 비통한 광경이었을지 생각해 보라. "바벨론 왕이 시드기야의 아들들을 그의 눈앞에서 죽이고,"^{렘 52:10} 그야말로 처참한 광경이었을 것이다!

생각 ❺ 당신은 하나님이 자녀를 치셨다고 슬퍼하지만, 그분은 오히려 그에게 악이 미치지 못하도록 미리 데려가셨을 수 있다.

세상에 엄청난 재앙이 닥치려 할 때, 흔히 하나님은 죽음을 통해 자신의 약하고 여린 사람 중 일부를 숨겨 재앙을 면하게 하신다.^{사 57:1-2} 그분은 일부는 데려가시고 일부는 남겨 두시지만, 모두를 안전하게 지키신다. 예컨대 하나님은 므두셀라를 홍수 전에 무덤 속에 두셨다. 어떤 사람들에게는 무덤이 곧 피난처다. 하나님은 그런 악한 시대에 그들이 지상에 있는 것보다 지하에 있는 것을 더 낫게 여기신다.

아들이 외국에 나가 공부하고 있는데, 그 지역이나 인근에 재앙이 닥쳤다는 소식이 들린다고 하자. 신중하고 자상한 아버지는 사태가 더 위험하고 어려워지기 전에 당장 자신의 말 한 필을 보내 아들을 집으로 데려올 것이다. 마찬가지로 죽음은 우리의 하늘 아버지께서 보내시는 청황색 말이다. 사랑하는 자녀들에게 해가 미치지 않도록 미리 그들을 집으로 데려가시는 것이다.

나라에 재해가 닥쳐올 때면 정말 우리의 친구들이 여기서 재난과 고통을 받기보다 차라리 지하에 편히 있는 쪽이 훨씬 낫다. 예레미야 22:10이 바로 그런 뜻이다. "너희는 죽은 자를 위하여 울지 말며 그를 위하여 애통하지 말고 잡혀 간 자를 위하여 슬피 울라. 그는 다시 돌아와 그 고국을 보지 못할 것임이라." 지금 우리의 귀에 무서운 환난의 소리가 들려오고 있지 않은가? 먹구름이 모여들고 있지 않은가? 사방을 둘러보면 정말 금방이라도 닥칠 듯 고난이 무르익어 보인다. 당신의 입에서 "해산하지 못한 배와 먹이지 못한 젖이 복이 있다"눅 23:29는 말이 나올 날이 임박했는지도 모른다. "기록하라. 지금 이후로 주 안에서 죽는 자들은 복이 있도다."계 14:13 하늘에서 요한에게 이런 음성이 들려온 때는 바로 성도들이 믿음과 인내를 발휘해야 했던 때였다.

하나님이 죽음을 통해 당신의 친구를 거두어 가신 것은 은총이다. 반면에 당신은 남아서 큰 환난의 싸움을 견뎌 내야 한다. 하지만 이제 당신은 환난이 와도 염려와 두려움이 훨씬 덜할 것이고, 당신의 죽음도 훨씬 쉽게 받아들일 수 있을 것이다. 당신의 아주 많은 부분이 이미 천국에 가 있기 때문이다. 이 경우 주님은 자비로운 섭리로 상대를 안전하게 하셨을 뿐 아니라 당신이 그에게 가는 길도 더 쉬워지게 하셨다.

당신의 친구들을 미리 데려가실 때, 주님은 일찍이 베드로에게 말씀하신 것과 똑같이 말씀하실 것 같다. "내가 하는 것을 네가 지금은 알지 못하나 이 후에는 알리라."요 13:7 하나님께서 정하신 섭리의 눈은 당신의 눈보다 훨씬 멀리까지 내다본다. 친구들의 뒤를 따르기보다 오히려 그들을 남겨 두고 먼저 가는 쪽이 당신에게 더 힘들 것이다. 뿌리 깊은 나무를 쓰러뜨리려면 도끼질을 많이 해야 한다. 하지만 뿌리가 이미 헐거워진 나무는 한 번만 살짝 쳐도 쓰러진다.

생각 ❻ 어차피 와야 할 이별이라면 왜 지금이라고 좋은 때가 아닌가?

당신도 이미 알고 있듯이 자녀나 친구는 어차피 죽을 목숨이며, 상대와 당신을 잇고 있는 끈도 언젠가는 끊어져야 한다. 바질의 말마따나 만일 누가 당신에게 자녀가 어떤 존재로 태어났느냐고 묻는다면, 당신은 뭐라고 답하겠는가? 인간으로 태어났다고 하지 않겠는가? 인간이라면 언젠가는 죽어 떠나야 할 존재다. 그런데 죽을 사람이 죽은 것을 보고 왜 당신은 놀라며 이상하게 여기는가?

세네카는 말하기를 상대가 죽었다고 불평하는 사람은 상대가 인간임을 불평하는 것이라 했다.[22] 모든 인간은 대등한 조건을 지니고 있다. 일단 태어난 사람은 누구나 죽어야 할 운명이다. 물론 죽는 시점은 서로 다르지만, 죽는다는 사실만은 모두 똑같다. "한번 죽는 것은 사람에게 정해진 것이요."[히 9:27] 이것이 하늘의 실정법이다.

아마 당신은 지금이 이별하기에 최악의 때라고 생각할 것이다. 상대를 더 오래 누렸더라면 이별이 더 쉬웠을 거라고 말이다. 하지만 그것은 이만저만한 착각이 아니다! 상대를 더 오래 누렸을수록 오히려 헤어지기가 더 싫었을 것이다. 그만큼 속속들이 깊은 정이 들었기 때문이다.

한때 영국 국회에 본인이 원하지 않는 한, 동지와의 동맹 관계가 종료될 수 없다는 특권이 부여된 적이 있다. 만일 하나님이 당신에게도 사별의 시기를 정할 특권을 주신다면, 당신은 어느 때를 원하겠는가?

죽음의 때가 우리의 손이 아니라 하나님의 손에 있는 것이 우리에게나 고인에게나 더 낫다. 당신의 복된 자녀가 아무리 어린 나이에 요절한 듯 보여도, 사실은 "장수하다가 무덤에 이른" 것이며 "마치 곡식단을 제 때에 들어 올림"과 같은 것이다.[욥 5:26] 어떤 사람은 이 구절에 대해 말하기를, 그리스도 안에 있고 언약 안에 있는 사람들은 언제 죽더라도 결코 때 이른 죽음이 아니라고 했다.

그들은 천수를 누리고 죽는다. 비록 인생의 봄날인 꽃다운 청춘에 죽지만, 그래도 천수를 누린다. 다시 말해서 그들은 언제 죽든 이미 성년이다. 경건한 사람은 언제 죽든 그때가 곧 추수 때다. 육신적으로 보면 아직 덜 자라 파릇파릇할 때 꺾이지만, 영적으로 보면 결코 성년이 되기 전에는 죽지 않는다. 하나님은 그를 속성으로 온전히 성장하게 하실 수 있다. 성령의 햇빛과 온기를 풍성히 쏘여 은혜의 씨앗을 금방 다 자라게 하실 수 있다. 그래서 그는 준비된 모습으로 영광에 들어간다.[23]

분명히 그들은 가장 적시에 죽었다. 또한, 지금이 그들에게 최적의 때이듯 당신에게도 마찬가지다. 자녀가 더 오래 살았다면 서로 정이 깊어져 이별은 더 힘들어졌을 것이다. 또는 자녀의 본성에서 비롯된 부도덕을 보며 당신의 혼란과 시름이 더 깊어졌을 것이다. 그러면 당신의 슬픔이 얼마나 더 뼈아프게 가중되겠는가!

시간의 주인이신 하나님이야말로 때를 가장 잘 판단하신다. 위안의 때나 고통의 때를 감히 우리 스스로 정하려는 것보다 더 어리석고 무모한 일은 없다. 위안은 우리에게 항상 너무 더뎌 보인다. 때가 되었든 말든 그것을 당장 얻고 싶은 게 우리의 마음이다. "하나님이여, 원하건대 그를 당장 고쳐 주옵소서"[KJV]라고 한 민수기 12:13처럼 말이다. "오, 신속히 행하여 주소서." 이렇게 위안이라면 속전속결을 부르짖는 우리가 고난에 대해서는 달라진다. 고난은 우리에게 항상 너무 일러 보인다. "주님, 지금은 아닙니다. 지금만 빼고 다른 때에 하십시오." 하지만 위안과 고난의 적기를 둘 다 그분께 맡기는 것이 좋다. 그분이 하시는 일은 언제나 때에 맞게 아름답다. 그분은 어떤 일도 엉뚱한 때에 하시는 법이 없다.

생각 ❼ 하나님과 맺은 당신의 언약을 이 고통의 날에 기억하라. 그분을 당신의 하나님으로 받아들이던 날, 엄숙히 약속했던 내용을 잊지 말라.

그리스도인이여, 그때의 헌신을 지금 되짚어 보는 것은 당신에게 아주 유익하고 시의적절한 일이다. 슬픔의 짐이 지금보다 더 무겁게 당신의 마음을 짓누르던 그 시절, 당신의 마음가짐이 어땠는지 떠올려 보라.

그때 당신은 죄의 짐이 무거워 영적으로 괴로웠다. 율법의 저주와 무서운 지옥이 당신을 사방에서 에워싸고 있었다. 죽음과 영원에 대한 두려움이 당신을 가로막아, 유일한 소망의 문이신 그리스도께 가지 못하게 했다. 그때 당신은 이 땅의 모든 위안을 잃고서라도 그런 위험에서 벗어나는 것을 얼마나 기쁜 소식으로 여겼던가! 그래서 그때 이렇게 부르짖지 않았는가?

주님, 저에게 그리스도를 주십시오. 다른 것은 다 주님 뜻대로 가져가셔도 됩니다! 저의 죄를 용서하시고 저의 영혼을 구원해 주십시오. 그러기 위해 저를 그리스도와 연합시켜 주십시오. 앞으로 저는 결코 불평하거나 입을 열지 않겠습니다. 무엇이든 저에게 주님 마음대로 하십시오. 친구가 없어도 좋고, 자녀가 없어도 좋고, 가난해도 좋고, 어떻게 되어도 좋습니다. 그리스도와 은혜와 소망이 없는 영혼만 되지 않으면 됩니다.

주께서 그 부르짖음을 들으시고 당신에게 자비를 베푸셨다. 당신을 세상에서 끌어내 골방에 들이시고, 거기서 은밀하게 다루셨다. 당신의 마음을 감화하여 그분의 언약 조건을 받아들이게 하셨고, 그분의 기준대로 기꺼이 그리스도를 영접하게 하셨다. 그때 당신은 얼마나 진심으로 그분의 멍에를 감수했던가! 그때는 그것이 당신에게 아주 무난하고 쉬워 보였다. 그렇게 그리스도와 함께 약속을 주고받던 은밀한 자리를 오늘 떠올려 보라. 당신은 애절한 마음으로 눈을 지그시 감고, 그분의 귀에 다음과 같이 또는 이와 비슷하게 속삭이지 않았던가?

주 예수님, 제가 여기 있습니다. 죄 짐에 눌려 허덕이는 가련한 죄인입니다. 한편에는 두려움과 근심이 있고, 다른 한편에는 공의로우신 하나님과 엄중한 율법과 영원한 지옥 불이 있습니다. 하지만 하나님을 찬송합니다. 예수님을 중보자로 보내 주신 하나님을 찬송합니다. 예수님만이 저를 중보하여 이 문제를 해결하실 수 있습니다. 주님만이 소망의 문이시니 제가 그리로 피합니다. 제가 용서와 구원을 얻을 길은 주님의 피밖에 없습니다. 주님은 "수고하고 무거운 짐 진 자들아, 다 내게로 오라"마 11:28고 말씀하셨습니다. 또 주께 오는 사람을 절대 내쫓지 않는다고 약속하셨습니다.

복되신 예수님, 이런 약속에 의지하여 이 가련한 영혼이 주께로 옵니다. 주께로 오지만 제 마음은 심히 흔들리며 의심과 두려움으로 가득합니다. 그래도 기꺼이 와서 오늘 주님과 언약을 맺습니다.

오늘 주님을 저의 주님으로 영접하며, 진심으로 저를 주님의 처분에 맡깁니다. 저나 제게 속한 모든 것을 주님의 뜻대로 하십시오. 가난해도 좋고 부해도 좋습니다. 세상에서 무엇이 되어도 좋고 아무것도 아니어도 좋습니다. 기꺼이 주님이 원하시는 대로 되고 싶습니다. 그래서 오늘 저를 주님의 것으로 드립니다. 저의 모든 존재와 소유는 주님의 것이니, 주님을 섬기겠습니다. 주님의 뜻대로 써 주십시오. 지금부터 주님은 저의 가장 높은 주인이시고, 최고의 선이시며, 최후의 목적이십니다.

그리스도인이여, 그분께 이토록 엄숙히 약속한 내용을 이제는 지킬 때가 되었다. 당신의 사랑하는 자녀나 친구를 **다름 아닌 그분이** 자신의 뜻대로 처분하시지 않았는가? 이로써 그분은 당신이 그분과 맺은 언약에 충실한지 당신을 시험하고 계신 것이다. 그분이 어떻게 처분하셔도 만족하고 자족하겠다던 당신의 약속은 어디로 갔는가? 그분의 뜻에 복종하기로 한 언약은 어디로 갔는가? 이번에 닥친 고난만은 예외로 하겠다는 말인가?

당신은 주님께 이렇게 말했던가? "주님, 주님의 뜻이라면 무엇이든 가져가셔도 괜찮습니다. 하지만 제 남편, 아내, 사랑하는 자녀만은 안 됩니다. 이것만은 약속에서 제외됩니다. 주께서 이 사람을 죽이신다면, 그것만은 제가 감당할 수 없습니다." 만일 그랬다면 당신의 모든 약속은 위선에 지나지 않는다. 그리스도는 아무런 조건이 없으셨다. 당신도 언약에 충실하려면 아무런 조건이 없어야 한다.

요약하자면 그때 당신은 일체의 예외도 없이 그분께 전부를 드렸다. 그런데 인제 와서 말을 바꾸고 약속을 뒤집을 셈인가? 약속이 과하기라도 했단 말인가? 아니면 괴롭던 그 시절의 엄숙한 약속을 잊었단 말인가? 그리스도께서 당신에게 하신 약속을 일점일획이라도 어기신 적이 있는가? 그분이 조금이라도 신실하지 않은 부분이 있다면 지적해 보라. 그분은 일점일획까지도 늘 신실하셨다. 그러니 당신도 똑같이 신실하라. 이번의 사별을 통해 그것이 시험에 부쳐진 셈이다. 당신이 그분께 약속한 내용을 잊지 말라.

생각 ❺ 하나님과 맺은 당신의 언약으로도 마음이 진정되지 않는다면, 당신과 맺으신 하나님의 언약으로는 가능할 것이다.

최근까지 희망과 행복과 평안이 넘치던 당신의 가정이 이제 산산이 깨지고 말았는가? 노년에 위안을 얻으리라 잔뜩 기대하고 있던 자녀가 죽어, 이제 당신은 이 땅에 이름을 남기거나 대를 이을 수 없게 되었는가? 그래서 당신은 홀로 앉아 자신의 소망과 위안이 모두 어디로 갔나 생각하며 애통하고 있는가? 욥기 29:2-5을 읽노라면 눈물만 하염없이 흐르는가?

나는 지난 세월과 하나님이 나를 보호하시던 때가 다시 오기를 원하노라. 그 때에는 그의 등불이 내 머리에 비치었고 내가 그의 빛을 힘입어 암흑에서도 걸어 다녔느니라. 내가 원기 왕성하던 날과 같이 지내기를 원하노라. 그 때에는 하나님이 내 장막에 기름을 발라 주셨도다. 그 때에는 전능자가 아직도 나와 함께 계셨으며 나의 젊은이[자녀]들이 나를 둘러 있었으며.

하지만 이 비참한 상황 속에서도, 당신과 맺으신 하나님의 언약에서 위로를 받아라. 알다시피 다윗의 집안에는 가슴 아픈 우환이 줄을 이었다. 자녀들이 죽기도 했지만, 거룩한 다윗에게 그보다 훨씬 힘들었던 것은 자녀들의 악한 삶이었다. 자신의 집안에서 근친상간과 살인과 반역이 일어났다. 그런데도 그가 은혜의 언약에서 얼마나 위안을 얻고 있는지 보라.

내 집이 하나님 앞에 이같지 아니하냐. 하나님이 나와 더불어 영원한 언약을 세우사 만사에 구비하고 견고하게 하셨으니 나의 모든 구원과 나의 모든 소원을 어찌 이루지 아니하시랴.삼하23:5

물론 이 말씀은 궁극적으로 그리스도를 가리킨다. 다윗과 맺으신 하나님의 언약대로 훗날 다윗의 혈통에서 그리스도가 나실 것이다. 하지만 다윗의 집과 관련된 이 말씀에는 틀림없이 그런 궁극적인 의미 말고 직접적인 의미도 있다. 모든 고난과 환난 속에서도 다윗은 자신과 맺으신 하나님의 언약에서 풍성한 위로를 얻었다. 비록 그의 집이 흥하지 못했고 남은 자손들마저 그의 바람에 미치지 못했지만, 그래도 그는 언약에서 위로를 얻었다. 그렇다면 당신도 가족에게 어떤 환난이나 죽음이 닥칠지라도 하나님의 언약에서 풍성한 위로를 얻을 수 있다. 당신의 가족이 언약에 참여한 상태라면 말이다. 그 이유는 다음과 같다.

첫째, 당신이 하나님의 언약 백성이라면 그분은 설사 고난을 주실지라도 결코 당신을 잊지 않으신다. 그분은 자신의 언약을 영원히 기억하시는 분이다.^{시 111:5} 만사형통할 때 못지않게 고난이 극심할 때도 그분은 당신을 마음에 품고 계신다.

자녀가 이제 한 줌 흙으로 썩어 악취를 풍길지라도, 당신은 자녀를 잊기 힘들 것이다. 밤낮 머릿속에서 자녀가 떠나지 않을 것이다! 지칠 줄 모르고 그 대상만 생각할 것이다. 그래도 당신이 사랑하는 자녀를 잊는 것이 하나님이 당신을 잊으시기보다 훨씬 쉽다. 당신의 자녀가 죽어 악취를 풍길 때는 더 말할 것도 없거니와, 아직 살아 있어 가장 사랑스러울 때라 해도 다를 바 없다. "여인이 어찌 그 젖 먹는 자식을 잊겠으며 자기 태에서 난 아들을 긍휼히 여기지 않겠느냐. 그들은 혹시 잊을지라도 나는 너를 잊지 아니할 것이라."^{사 49:15}

여인은 모성애가 강하다. **그런 여인이 어찌 젖먹이를 잊겠는가?** 그것도 남의 아이가 아니라 자신의 아이를 말이다. 친자식은 엄마 품에 매달려 젖만 아니라 엄마의 마음에서 나오는 사랑까지 빨아 먹고 있다. 그런데 어찌 엄마가 그 아기를 잊을 수 있겠는가? 그런데도 간혹 엄마는 그 아기를 잊을 수 있다. 인간의 사랑은 잘 변하니 말이다. 하지만 하나님은 **"나는 너를 잊지 아니할 것이라"**고 말씀하신다. 이것은 영원한 언약이다.

둘째, 환난 중에 당신을 절대로 잊지 않으시는 하나님은 이 모든 환난을 통해 선을 이루신다. 이것은 **잘 구비된 언약,** 곧 질서 있게 준비된 언약이다. 그래서 모든 것이 합력하여 당신에게 선을 이룬다. 이 언약이 당신의 모든 시련과 온갖 환난을 가지런히 정리하고 배열해 준다. 그래서 시련과 환난이 척척 제자리에 들어맞아 아름답게 협력하고, 그 단합된 위력으로 당신을 복되게 한다.

현재의 고난이 어떻게 당신에게 선이 되는지 지금은 보이지 않을 수 있다. 당신도 야곱처럼 이런 말이 절로 나올 수 있다. "요셉도 없어졌고 시므온도 없어졌거늘 베냐민을 또 빼앗아 가고자 하니 이는 다 나를 해롭게 함이로다."^{창 42:36} 하지만 모든 고난은 언약의 축복과 위력 아래서 아주 아름답고 질서 있게 제 역할을 다한다. 그것을 일단 볼 수만 있다면, 당신은 잠잠해지는 정도가 아니라 지금의 많은 고난과 고통으로 인해 하나님께 감사할 것이다.

셋째, 이 언약은 만사에 잘 구비되어 있을 뿐 아니라 또한 **견고하다.** 그 안에 담긴 은혜가 "다윗에게 허락한 확실한 은혜"^{사 55:3}로 표현되어 있기 때문이다. 매를 맞고 고난받은 하나님의 사람들에게 이번 생각은 얼마나 복되고 때에 맞는 지지인가! 얼마 전까지만 해도 당신은 자녀라는 육신의 위안을 **견고한 것으로 여**

겼으나, 그 자녀는 당신을 버렸다. 라멕이 아들 노아에 대해 "수고롭게 일하는 우리를 이 아들이 안위하리라"^{창 5:29}고 말한 것처럼, 당신도 지금은 떠나 버린 자녀에 대해 그렇게 말했을 수 있다. 이 말씀의 의미는 자녀가 부모를 위로하되 부모의 일손을 거들뿐 아니라 부모에게 수고와 고생의 결실까지 누리게 해야 한다는 것이다.

당신도 아마 그런 생각을 했을 것이다. 그래서 노년에 자녀에게서 위안을 얻으려고 잔뜩 기대했을 것이다. 그런데 이제야 깨달았듯이 당신은 모래 위에 집을 지었다. 더 견고한 기초가 없다면 지금 당신은 어떻게 되겠는가? 다행히 하나님이 더 견고하고 확실한 언약을 은혜로 주셨으니 얼마나 감사한가! 하나님과 그리스도와 천국은 세상 것들과 달리 시작도 없고 끝도 없다.

하나님은 당신에게 "결코 너를 떠나지 아니하며 버리지 아니할 것임이라"^{신 31:6}고 말씀하신다. 하지만 아무리 달콤할지라도 당신이 세상에서 누렸거나 누리고 있는 현세의 기쁨은 당신에게 그런 말을 할 수 없다. 남편을 아무리 사랑할지라도 당신은 소중한 남편과 이별해야 한다. 품속의 아내를 아무리 마음으로 기뻐하고 애정이 각별할지라도 당신은 아내와 작별해야 한다. 당신의 목숨과 같은 자녀와도 헤어져야 한다.

하지만 그들은 모두 사라질지라도, 감사하게도 영원한 것이 있다. 모든 육체는 풀이요 그의 모든 아름다움은 들의 꽃과 같다. 여호와의 기운이 그 위에 불어 풀은 마르고 꽃은 시드나, 그래도 우리 하나님의 말씀은 영원히 선다.^{사 40:6-8} 이번 생각 하나에만도 아주 풍성한 지지가 담겨 있다. 그래서 당신이 믿음으로 이것을 깨닫고 적용한다면, 나는 여기서 펜을 내려놓을 수도 있다. 다 이루었으니 이제는 할 일이 없다고 선언할 수 있다.

생각 ❺ 부활의 소망을 고백하는 사람들은 그 소망으로 모든 과도한 슬픔을 넉넉히 억제해야 한다.

과도한 애통은 소망 없는 사람들이나 하는 것이다. 농부는 땅에 씨를 뿌리면서 애통하지 않는다. 소망을 품고 뿌리기 때문이다. 그는 나중에 더 풍성하게 돌려받을 것을 기대하며 종자를 심는다. 지금 당신도 마찬가지다. 그래서 사도는 이렇게 말한다. "형제들아, 자는 자들에 관하여는 너희가 알지 못함을 우리가 원하지 아니하노니 이는 소망 없는 다른 이와 같이 슬퍼하지 않게 하려 함이라. 우리가 예수께서 죽으셨다가 다시 살아나심을 믿을진대 이와 같이 예수 안에서 자는 자들도 하나님이 그와 함께 데리고 오시리라."^{살전 4:13-14}

그러므로 죽은 사람을 볼 때 잃어버린 세대를 보듯 하지 말라. 죽음이 그를 소멸시켜 완전히 없애 버렸다고 생각하지 말라. 그는 죽은 게 아니라 자고 있을 뿐이다. 자는 사람은 다시 깨어난다. 평소에 자녀나 친구가 침대에서 자고 있을 때 당신은 울부짖거나 통곡하지 않는다. 죽음도 긴 잠일 뿐이다. 세상에서 아침마다 깨어났듯이 그들은 죽음의 잠에서도 반드시 깨어난다.

나는 세네카의 다음과 같은 명언에 종종 놀라곤 한다.

나는 죽은 사람들에 대한 생각이 남들과 다르다. 그들을 생각하면 밝고 즐겁다. 그동안 그들과 잘 지낼 때도 장차 헤어져야 할 것을 알았고, 이제 헤어져서도 그들과 함께 있다고 여긴다.[24]

물론 그의 말은 죽은 사람들의 덕행을 생각하면 즐겁고 흐뭇하다는 뜻이다. 세네카는 마음을 위로하고 지켜 주는 부활의 교리를 전혀 몰랐던 사람이다. 그러니 만일 그가 부활의 유익을 알았더라면, 죽은 사람들과 그들의 상태에 대해 얼마나 더 긍정적으로 말했을지 생각해 보라. 그런데 부활을 믿는다고 고백하는 당신이 이렇게 침울해져 있으니 이상한 일 아닌가. 오, 기독교가 이교에 져서는 안 된다. 최고의 신자들이 이교도들에게 밀려나서는 안 된다. 고난 중에 침착하고 밝게 행동하는 면에서 우리가 그들에게 뒤져서는 안 된다.

독자여, 당신에게 당부한다. 죽은 친구가 소망의 확실한 근거를 남겼다면, 곧 그가 그리스도를 믿고 언약에 참여한 상태로 죽었다면, 당신이 분명히 묵상해야 할 것이 있다. 부활의 교리에는 다음과 같이 감격스러운 지지가 함축되어 있다.

첫째, 당신의 눈을 그토록 기쁘게 했던 그 똑같은 몸이 다시 살아날 것이다. 그냥 하나의 몸으로 전체 숫자에 포함되는 정도가 아니라 바로 그 **특정한** 몸으로 말이다. 그래서 당신은 그가 **누구인지** 알아볼 수 있다. "내가 그를 보리니 내 눈으로 그를 보기를 낯선 사람처럼 하지 않을 것이라."[욥 19:27] 당신이 무덤에 묻었거나 지금 묻으려는 그 몸이 다시 살아날 것이다. 당신의 남편이나 아내나 자녀나 친구를 다시 보게 된다. 다른 사람이 아니라 바로 그 사람이다.

둘째, 더 큰 지지가 있다. 당신은 그토록 소중했던 사람을 보기만 하는 게 아니라 이전에 관계를 맺었던 그 사람으로 알게 된다. 한때 이 땅에서 그토록 사랑스럽고 가까운 사이였던 그 사람으로 말이다.

물론 상대를 더는 세상적 관계로 아는 것은 아니다. 그런 관계는 죽음으로 종료되었다. 하지만 한때 이생에서 아주 소중한 관계였던 사람으로 알게 되는 것만은 분명하다. 그래서 당신은 허다한 무리 가운데서 그를 따로 구별해낼 수 있다. 이 사람이 내 아버지나 어머니나 남편이나 아내나 자녀였고, 바로 그를 위해 내가 울며 간구했다고 말할 수 있다. 그가 나에게 선한 도구였거나 또는 그가 구원받는 데 하나님이 나를 도구로 쓰셨다고 말할 수 있다.

그동안 **축적된** 모든 지식이 거기서 **완성되어** 우리의 복과 만족이 더없이 극대화된다. 그럴 수밖에 없다. 루터^{Luther}가 죽기 전날 밤, 친구들이 저녁 식사 자리에서 그에게 이 점에 대한 견해를 물었다. 루터는 이렇게 대답했다.

아담은 어찌 된 것인가? 그는 하와를 본 적이 없었다. 하나님이 하와를 지으실 때 아담은 깊이 잠들어 있었다. 그런데 깨어나 하와를 본 그는 그녀가 누구이며 어디서 왔느냐고 묻지 않고 바로 "내 뼈 중의 뼈요 살 중의 살"이라고 말했다. 어떻게

안 것일까? 성령으로 충만하여 하나님의 지식을 받아 그렇게 말했다. 마찬가지로 우리도 그리스도로 말미암아 새롭게 되어 내생에 이를 때 각자의 부모와 아내와 자녀를 알아볼 것이다.[25]

아우구스티누스도 사랑하는 남편을 사별한 이탈리카 부인을 위로할 때 특히 이 사실로 위로했다. 내세의 영화된 성도들 가운데서 남편을 알아볼 거라고 말해 준 것이다.[26] 루터나 아우구스티누스보다 더 위대한 바울도, 자신을 통해 그리스도께 회심한 데살로니가 교인들이 곧 "그가 강림하실 때 우리 주 예수 앞에"서 자신의 "기쁨이나 자랑의 면류관"이라며 스스로 위안을 삼았다.^{살전 2:19} 이것은 그날에 바울이 반드시 그들을 구별해서 알아본다는 뜻이다. 죽음을 통해 그들과 헤어진 지 수백 년이 지난 후에 말이다. 이런 지식은 부모나 자녀의 영화된 몸에 남아 있을 특유의 생김새나 특징을 우리의 영화된 눈으로 식별하는 것일 수도 있고, 아니면 아담이 아내를 알아보고 베드로와 야고보와 요한이 산상에서 모세와 엘리야를 알아보았듯이 직접적인 계시를 통해 알 수도 있다. 어느 쪽인지 확실하지 않으니 굳이 그 문제로 골치를 앓을 필요는 없다.

천국에 그런 지식이 있는 것만은 분명하다. 건전한 신학자들의 일치된 견해도 그렇고, 성경과 이성의 뒷받침도 부족하지 않다. 지금의 슬픈 이별이 그때 재회의 기쁨으로 풍성히 보상될 것이다. 특히 다음 사실을 생각하면 그렇다.

셋째, 재회할 때 그들은 세상에 있을 때보다 이루 말할 수 없이 더 멋있고 수려하고 아름다울 것이다. 여기서도 좋았지만, 전적으로 훌륭했던 것은 아니다. 모든 면에서 바람직했지만 그래도 타고난 죄성과 도덕적 결함이 있었다. 하지만 천국에서는 모든 흉한 모습이 영원히 없어진다. 영화된 몸에는 본성적 죄성이 붙어 있지 못하며, 의인의 완성된 영에는 악한 결점이 남아 있을 수 없다. 욕된 것으로 심고 영광스러운 것으로 다시 살아날 그 날,고전 15:43 그들은 당신에게 한없이 아름다워 보일 것이다! 하지만 지금까지 말한 모든 내용의 절정이 하나 더 남아 있다.

넷째, 천국에서 당신은 다시는 이별하지 않고 그들과 영원한 기쁨을 누리게 된다. 부활의 자녀들은 다시 죽을 수 없기 때문이다.눅 20:36 다시는 창백한 입술과 싸늘한 뺨에 입을 맞출 일도 없고, 이별을 두려워할 필요도 없다. 우리는 항상 주와 함께 있게 된다.살전 4:17 사도는 이것이 데살로니가 교인들에게 적절한 위로라고 보았다. 그래서 그들에게 "이러한 말로 서로 위로하라"살전 4:18고 권고했다.

생각 ⑩ 그리스도 안에서 죽는 사람은 모두 곧바로 가장 복된 상태에 들어간다. 우리 그리스도인들은 그 사실에서 풍성한 위로를 얻어야 한다. 고인이 직접 생생한 소망을 품고 세상을 떠났든, 아니면 소망의 근거만 충분히 남기고 갔든 다를 바 없다.

직접 생생한 소망을 품고 천국에 간 경우, 그들은 자신이 그리스도를 믿고 언약에 참여한 존재임을 본인과 주변 사람들에게 증언했을 것이다. 설령 침묵 속에 죽었다 해도 만일 대화를 하였다면 그렇게 말했을 것이다. 그들이 살아온 삶을 보면 그들의 죽음에 대해 추호도 의심의 여지가 없다. 반면에 젖먹이나 어린아이는 실제로 그런 소망을 품고 가지는 못했으나, 그래도 소망의 근거를 충분히 남겼다.

부모들이여, 그런 근거를 잘 생각해 보라. 당신은 자녀를 위해 기도하며 수없이 주님과 씨름했다. 자신뿐 아니라 자녀를 위해 하나님의 언약을 붙들었고, 자녀를 주께 드렸다. 그리고 자녀는 당신의 이런 소망의 근거를 어떤 행동으로도 무너뜨리지 않았다. 그렇다면 당신은 자녀가 지금 십중팔구 하나님과 함께 있다고 결론지을 수 있다.

사정이 그러할진대, 하나님이 하신 일에 당신이 충분히 만족하고 안심해야 할 이유가 얼마나 많은가? 자녀에게 천국보다 더 좋은 곳이 어디 있는가? 하늘 아버지께서 지금 거기서 해주시는 것보다 당신이 여기서 자녀를 더 잘 부양하고 즐겁게 해주었는가?

그리스도인 부모치고 자녀가 은혜에서 자신을 앞지르고 능가하는 모습을 기뻐하지 않을 사람은 세상에 없을 것이다. 부모라면 자녀가 재능과 봉사에서 자신보다 탁월하기를 누구나 바랄 것이다. 그렇다면 자녀가 은혜에서만이 아니라 영광에서도 우리를 앞지르는 모습을 똑같이 기뻐하지 않을 이유가 무엇인가? 자녀가 당신보다 천국에 몇 년 먼저 간 것이 그렇게 애통할 일인가? 그리스도께서 돌아가시기 조금 전에 그분의 친구들은 이별할 생각에 낙담해 있었다. 그것을 보시고 그분은 "너희가……나를 사랑하였더라면 내가 아버지께로 감을 기뻐하였으리라."요 14:28

고 말씀하셨다. 당신의 자녀도 (당신을 모를 만큼 어리지만 않다면) 똑같이 말하지 않겠는가? "제가 몸으로 함께 있을 때 엄마 아빠가 느끼던 위안을 지금 하늘에서 누리는 영광과 존귀보다 더 중시하지 마세요. 이것이 저를 향한 사랑인가요? 오히려 두 분 자신을 향한 사랑이 아닌가요?"

요컨대 떠나간 친구는 당신에게 이렇게 말할 것이다.

너는 늘 나에게 많은 사랑을 고백했다. 나의 행복이 너에게 아주 소중해 보였다. 그런데 지금 이렇게 과도하게 애통하니 어찌 된 일인가? 이것은 영적이고 이성적인^{rational} 사랑이라기보다 오히려 육적이고 감정적인 사랑이다. 네가 순수한 영적 사랑으로 나를 사랑한다면, 내가 아버지께로 간 것을 기뻐할 것이다. 죄와 슬픔이 있는 지상에서 너와 함께 있는 것보다 여기 있는 것이 나로서는 무한히 더 좋다. 그러니 나를 위해 울지 말고 너 자신을 위해 울라.

당신은 그 친구가 곁에 함께 있기를 원하지만, 그는 그것을 원하지 않는다. 당신은 자녀를 부양하려고 노심초사했다. 하지만 예수 그리스도께서 그를 당신보다 무한히 더 잘 보살피고 계신다. 당신은 재산을 주려 했으나 그분은 나라를 주신다. 당신은 자녀를 좋은 사람과 짝지어 주려고 생각했지만, 그리스도는 다른 사람들을 다 막으시고 자신이 친히 당신 자녀의 신랑이 되어 주셨다. 당신의 몸에서 난 자녀에게 이보다 더 고귀한 자리를 감히 상상할 수 있는가?

천국의 왕께서 사자를 보내 당신의 자녀를 데려가셨다. 그런데 당신은 그것 때문에 원망하는가? 생각하고 또 생각해 보라. 그리스도께서 그를 당신의 품에서 취하여 그분의 품에 두셨고, 당신이 입힌 옷을 벗기시고 어린양의 피로 빤 흰옷을 입히셨다. 이것은 당신에게 얼마나 큰 영광인가. 그러니 마음에 근심하지 말고 오히려 한없이 기뻐하라. 하나님이 당신을 도구로 삼아, 하나님 나라의 한 상속자를 낳게 하셨고 천국을 채우게 하셨다.

당신의 자녀는 지금 당신보다 더 높은 차원에서 하나님을 영화롭게 하고 있다. 당신은 잠시 자녀와 몸으로 떨어져 있을 뿐이다. 하나님을 더욱 영화롭게 한 이 일을 당신의 손해로 여기지 않기를 바란다.

야곱은 요셉이 이집트의 총리가 되어 있다는 말을 듣고 요셉 곁으로 가기를 원했다. 요셉 쪽에서 궁핍과 곤경 중에 있는 야곱 곁으로 가기를 원한 게 아니다. 당신도 그래야 한다. 당신은 아직 사나운 바다에서 상하좌우로 흔들리고 있지만, 당신의 친구는 고요한 항구에 들어갔다. 그가 다시 바다로 나오기를 바랄 게 아니라 당신 쪽에서 그곳에 들어가기를 사모하라.

생각 ⓫ 당신의 모든 근심이 얼마나 헛된 것인지 생각하라. 그렇게 괴로워한다고 결코 사정이 더 나아지거나 짐이 가벼워지지 않는다.

송아지가 밭고랑에서 반항하고 버틸수록 멍에는 더 무거워지고 목이 쓸려 벗겨진다. 그래 봐야 더 빨리 힘만 빠질 뿐 자신에게는 하나도 도움이 되지 않는다. 당신도 마찬가지다. 당신이 멍에에 익숙하지 못한 송아지[렘31:18]라면 말이다. 그리스도는 "너희 중에 누가 염려함으로 그 키를 한 자라도 더할 수 있겠느냐"[마6:27]고 하셨다. **슬픔**도 **염려**와 다를 바 없다.

염려하면 잠도 못 자고 마음만 상할 뿐, 신체적으로든 정신적으로든 키는 한 자도 자라지 않는다. 마찬가지로 슬픔도 하나님이 이미 지워 주신 멍에보다 더 빨리 우리의 마음을 상하게 할 수 있다.

이런 슬픔은 다 그물에 갇힌 새의 날갯짓에 지나지 않는다. 그래 봐야 그물에서 벗어나기는커녕 오히려 더 답답하게 조여들 뿐이다. 그런 면에서 다윗의 생각은 지혜로웠다. 하나님의 뜻이 아이의 죽음으로 나타나자 다윗은 이렇게 말했다. "지금은 죽었으니 내가 어찌 금식하랴 내가 다시 돌아오게 할 수 있느냐 나는 그에게로 가려니와 그는 내게로 돌아오지 아니하리라."[삼하12:23]

죽은 사람을 우리가 다시 돌아오게 할 수 있는가? 그럴 수 없다. 우리는 하나님의 목적과 행위를 변경시킬 수 없다. 일 년 사계절을 바꿀 수 없고, 해와 달과 별의 행로를 고칠 수 없고, 낮과 밤의 질서를 흩뜨릴 수 없는 것과 마찬가지다. 이 모두는 하늘의 확고한 법령과 규례를 통해 불변으로 정해져 있다.

인간은 자연의 계절을 바꿀 수 없듯이 하나님이 정하신 섭리도 바꿀 수 없다. "그는 뜻이 일정하시니 누가 능히 돌이키랴 그의 마음에 하고자 하시는 것이면 그것을 행하시나니."[욥23:13] 사실 그분의 뜻과 목적을 아직 모를 때는, 우려되는 일을 막기 위해 금식하고 기도할 여지가 있다. 하지만 하나님의 목적이 드러났고 그분이 이미 치셨다면, 스스로 애태우는 일이야말로 세상에서 가장 헛된 일이다. 다윗의 신하들은 다윗이 아이의 죽음을 전해 듣자마자 괴로워할 줄로 알았다. 하지만 지혜로운 다윗은 그러지 않았다. 그전에 그가 눈물 흘리며 하나님께 부르짖은 것은 고난을 막기 위해서였다. 하지만 이제 고난이 임하여 더는 막을 수 없게 되었으니 모두 부질없게 되었다. "내가 어찌 금식하랴." 이제 금식이 무슨 소용이 있느냐는 말이다.

그러니 당신의 힘과 기운을 헛되이 낭비하지 말고 장래의 훈련과 시련을 위해 남겨 두라. 때가 되어 이보다 무거운 짐을 지려면 당신의 모든 힘은 물론 그 이상까지도 훨씬 더 필요할 수 있다.

생각 ⑫ 당신이 매를 맞는 동안 겸손히 복종하고 끝까지 주님을 앙망한다면, 그분은 능히 당신이 잃은 관계의 위안을 갑절로 다시 주실 수 있다.

에서는 복을 잃었을 때 "내 아버지여, 아버지가 빌 복이 이 하나 뿐이리이까"[창 27:38]라고 탄식했다. 하지만 당신의 아버지는 당신에게 주실 복이 아주 많다. 그분의 이름은 자비의 아버지이시다.[고후 1:3] 그분은 당신을 위해 얼마든지 많은 자비를 마음대로 만드시고 지어내실 수 있다. 모든 관계와 그를 통한 위안이 그분의 명령에 달려 있다.

지금 당신이 잃고 슬퍼하는 그 위안은 불과 몇 달 또는 몇 년

전까지만 해도 존재하지 않았다. 그것이 어디서 왔는지도 당신은 몰랐다. 주님이 당신을 위해 말씀하고 명하셔서 그것이 생겨났다. 그분의 뜻이라면 주님은 이번의 죽음을 낫이나 면도칼처럼 활용하실 수 있다. 낫이 초원의 풀을 깎아내고 면도칼이 머리털을 다 밀어내, 지금은 당신이 황량한 환난과 수치 속에 있다. 하지만 그 낫과 면도칼이 있었기에 풀과 머리털이 갑절로 자랄수 있다. 덕분에 다시 봄이 오게 되었으니 더 잘된 일이다.

교회가 포로로 잡혀가 수치를 당하던 시절에, 주님은 포로 된교회를 더 잘되게 해주셨다. 주님이 보상으로 주신 영적 자녀들을 보며 교회 자신도 놀랄 정도였다. "자식을 잃었을 때에 낳은자녀가 후일에 네 귀에 말하기를 이곳이 내게 좁으니 넓혀서 내가 거주하게 하라 하리니."사 49:20

당신의 육신의 자녀나 다른 관계에 대해서도 그분은 똑같이하실 수 있다. 하나님의 사람이 아마샤에게 한 말이 당신에게도적용될 수 있다. "아마샤가 하나님의 사람에게 이르되 내가 백달란트를 이스라엘 군대에게 주었으니 어찌할까 하나님의 사람이 말하되 여호와께서 능히 이보다 많은 것을 왕에게 주실 수 있나이다 하니라."대하 25:9

그러니 당신은 이렇게 말하지 말라. "내가 친구나 가족을 잃었으니 어찌할까. 죽음이 내 모든 위안을 앗아갔다." 주께서 능히 그보다 많을 것을 당신에게 주실 수 있다. 다만 장래의 복이배가되기를 기대하면서 당신이 조심해야 할 것이 있다. 현재의매에 불복하거나 조급한 태도로 하나님을 욕되게 하거나 슬프시게 해서는 안 된다.

하나님은 욥의 모든 자녀를 일격에 데려가셨다. 그 일격은 즉
각적이고 극단적이었다. 자녀들은 장성하여 그중 일부는 이미
분가했고, 서로 사랑하며 우애를 나누는 사이였다. 그러니 욥으
로서는 이만저만한 시련이 아니었을 것이다. 그런데도 그는 그
시련을 주님의 손에서 순순히 받아 인내로 감당했다.

사도는 "너희가 욥의 인내를 들었고 주께서 주신 결말을 보았
거니와"약 5:11라고 말했다. 주님은 욥의 모든 고난에 은혜로운 뜻
과 목적을 두셨을 뿐 아니라 복된 결말과 자손까지 주셨다. 그
것이 욥기 42:10에 기록되어 있다. "여호와께서 욥에게 이전 모
든 소유보다 갑절이나 주신지라." 다른 모든 위안과 달리 자녀
의 수는 이전의 갑절이 아니었다. 주님은 자녀를 데려가신 수만
큼만 다시 주셨다. 그래도 욥이 나중의 자녀들에게서 누린 위안
은 처음의 자녀들에게서 누린 위안의 갑절이었을 것이다. 주님
의 처분에 기꺼이 복종하며 끝까지 기다린 결과, 욥은 아무것도
잃은 것이 없었다.

관계의 위안을 데려가시는 것만큼이나 다시 주시는 것도 주
님께는 쉬운 일이다. 시편 18:28에 그것이 멋지게 표현되어 있
다. "주께서 나의 등불을 켜심이여 여호와 내 하나님이 내 흑암
을 밝히시리이다." 가족, 재산, 건강, 친구 등 모든 편안한 기쁨은
하나님이 켜신 등불이다. 그분의 섭리 가운데 이 세상에서 그것
을 우리의 위안으로 주신 것이다. 그러나 그것은 등불일 뿐이므
로 항상 오래가지는 않는다. 가장 오래가는 위안도 결국은 다 타

서 없어진다. 게다가 우리의 위안은 등불처럼 반도 타지 못해 훅 꺼질 때도 많이 있다. 거의 켜자마자 꺼질 때도 있다. 그러면 우리는 당장 흑암에 파묻힌다.

이런 위안이 꺼지면 우리에게 어두운 시간이 찾아온다. 그러나 등불을 불어 끄신 분이 다른 등불을 밝히실 수 있다. 다윗은 믿음으로 그 사실에서 위로를 얻었다. 우리도 그럴 수 있다. "주께서 나의 등불을 켜심이여 여호와 내 하나님이 내 흑암을 밝히시리이다." 주께서 내게 새로운 위안을 주시고, 현재의 슬픈 상태를 바꾸시며, 지금 닥친 환난과 흑암을 몰아내신다는 말이다. 다만 우리는 그분을 노엽게 하지 않도록 조심해야 한다. 당신의 빛과 위안을 얻고 잃는 것이 그분께 달려 있다. 미갈은 주님의 심기를 거슬렀다가 죽는 날까지 자식이 없었다.^{삼하 6:23}

반면에 한나는 자녀의 복을 주실 주님을 겸손히 앙망했고, 그분은 그런 그녀를 잊지 않으셨다. 그녀가 멸시받는 등잔일 때 그분은 자녀의 위안으로 등잔에 불을 밝혀 주셨다. 당신이 잃은 위안 중에 하나님이 회복하실 수 없는 것은 하나도 없다. 당신에게 합당하다고 여기시면 아예 갑절로 주실 수도 있다.

생각 ⑬ 주님이 이런 위안을 더 가져가시더라도 당신에게 그보다 훨씬 좋은 것을 주실 수 있다고 생각하라. 그에 비하면 지금 잃어버린 위안은 거론할 가치조차 없을 정도다.

그런 취지의 놀라운 말씀이 이사야 56:4-5에 있다.

여호와께서 이와 같이 말씀하시기를 나의 안식일을 지키며 내가 기뻐하는 일을 선택하며 나의 언약을 굳게 잡는 고자들에게는 내가 내 집에서, 내 성 안에서 아들이나 딸보다 나은 기념물과 이름을 그들에게 주며 영원한 이름을 주어 끊어지지 아니하게 할 것이며.

사람의 이름은 자녀를 통해, 특히 아들을 통해 이어지게 되어 있다. 따라서 아들이 없는 사람은 이름이 끊어지고[민 27:4] 많은 자녀는 적잖은 영예로 통한다.[시 127:4-5] 그래서 하나님은 자녀가 없는 이들에게 보상을 약속하신다. 그들이 대신 받을 것은 생전의 영예일 수도 있고 사후의 기념물일 수도 있다. 하나님은 그들에게 훨씬 크고 오래가는 영예를 주신다. 아들이나 딸보다 나은 이름을 주신다. 세상에서 자녀로부터 아무리 큰 영예나 위안을 받아 누려도, 그보다 하나님의 자녀가 되는 게 더 큰 영예다.

가련한 부모여, 당신은 이번에 닥쳐온 고난 때문에 낙심에 빠져 있다. 마치 세상의 모든 기쁨과 위안을 빼앗긴 사람처럼 말이다. 그래서 다른 위안까지 모두 구름에 가려지고 말았다. 이번 고난이 당신의 영혼을 어찌나 쓰라리게 했던지, 이 땅의 어떤 위안도 이제는 당신에게 달걀흰자만큼이나 아무런 맛이 없다. 하지만 당신은 하나님께 있는 여러 위로를 생각해야 하며, 위안을 주실 그분을 인내로 앙망해야 한다! 그런 위안은 고난을 주신 그분의 목적에 부합한다. 자녀가 주는 기쁨을 훨씬 초월하는 위안이 그분께 있다. 그런 위안을 어떤 사람들은 자녀를 잃은 후에 발견했다. 그 위안이 어찌나 고귀했던지 그에 비하면 자녀의 위안은 그들에게 별로 중요하지 않았다.

이것을 아주 잘 보여주는 사례가 있다. 『성경의 성취』*The Fulfilling of the Scripture*라는 명저의 훌륭하고 진지한 저자, 로버트 플레밍Robert Fleming, 1630-1694이 기록한 내용이다.

여기서 은혜의 명백한 사례를 하나 더 언급하고자 한다. 그의 상태가 아주 놀랍게 변화되는 것을 볼 수 있다. 스코틀랜드 서부에 패트릭 맥큐래스라는 사람이 살았다. 주께서 그의 마음을 놀랍게 만져 주셨다. 회심 후에 그는, 많은 그리스도인 친구들에게 보여주었듯이, 새로운 세계에 들어가 깊은 영향을 입었다. 하나님과 내세를 발견하고 마음 상태가 어찌나 변했던지 몇 달 동안 거의 잠도 못 자고 늘 경이감에 사로잡혀 있었다. 삶이 몰라보게 달라져 하나님을 사랑했고, 매사에 그분과 가까이 교제했다. 그러던 어느 날 그에게 혹독한 시련이 찾아오면서 그런 변화가 진가를 발휘했다. 갑자기 그의 외아들이 죽었다. 그는 몇 시간 동안 혼자 조용히 물러나 있었다. 그런데 다시 나올 때는 아주 활기가 넘쳐 보였다. 때가 때이니만큼 사람들이 의아해하며 이유를 묻자 그는 조용히 물러나 주님과 함께 있을 때 받은 말씀을 전해 주었다. 훗날 새로워진 모습으로 다시 돌려받을 테니 날마다 아들을 잃어도 족하다는 것이었다.

얼마나 수지맞는 맞바꾸기인가! 정녕 그는 놋 대신 금을, 돌멩이 대신 진주를, 잡동사니 대신 보물을 얻었다. 아무리 최고의 현세적 기쁨일지라도 그 빛은 희미하고 가물가물할 뿐이다. 하나님의 자애로운 얼굴빛이 그보다 훨씬 더 찬란하다.

빌려온 빛으로 희미하게 반짝이던 별들이 졌으니, 이제 주님의 뜻대로 해가 떠올라 당신을 비출 것이다. 그러면 당신도 이 맞바꾸기가 얼마나 이득인지 알게 될 것이다. 위에서 언급된 사람에게 얼른 공감을 표하며 이렇게 말할 정도로 말이다. "주님, 날마다 오늘처럼 장례식 날 같게 하소서. 저의 모든 시간이 지금과 같게 하소서. 그리하여 지금 아는 이것을 제가 늘 보고 맛보게 하소서." 이렇듯 우리는 이 세상에서 소유한 가장 친하고 소중한 현세의 기쁨과도 아주 즐겁게 이별할 수 있다. 은혜와 자비의 주께서 그런 슬픈 때를 위하여 일부러 거룩한 위로를 예비해 두셨다. 그 위로를 그분은 혹독한 시련이 오기 전에 주셔서 우리를 준비시켜 주실 때도 있고, 시련이 닥친 후에 주셔서 시련 중에 우리를 붙들어 주실 때도 있다.

지금은 하나님 곁으로 간 어느 귀한 그리스도인에게서 나는 그런 말을 자주 들었다. 그녀의 일기장에도 같은 내용이 나온다. 주께서 그녀의 사랑하는 남편을 데려가시기 직전, 며칠 동안 밤낮없이 하나님의 사랑이 그녀의 영혼에 아주 풍성히 부어졌다. 그래서 막상 남편이 죽었을 때는 그 타격이 거의 느껴지지 않았다. 자신이 남편을 지극히 사랑했고, 남편이 인자하고 너그러운 사람이었는데도 말이다. 오히려 그녀는 위안이든 고통이든 이 땅의 모든 것에 상당히 초연해졌다. 그래서 하나님께로 간 사랑하는 남편은 거의 생각조차 나지 않았다. 그녀는 주께서 그렇게 미리 조처하지 않으셨다면 자신이 그 타격을 감당할 수 없었을 것이라고 잘라 말했다. 그런 준비가 없었다면 그녀는 무너져 내렸을 것이다.

남편과 아내와 자녀를 다른 사람들 옆에 놓고 보면 아주 큰 존재다. 하지만 주께서 친히 그 곁에 서신다면, 그들은 거의 아무것도 아닌 것처럼 작아 보일 것이다. 오늘 하나님이 이 땅의 그런 위안에게 비켜나라고 명하셨는지 어떻게 아는가? 하늘의 위안이 들어설 자리를 내시려고 말이다. 하나님이 당신의 영혼에게 전보다 더 달콤하고 실감 나게 자신을 알리러 오시는 것일 수 있다. 그들의 죽음을 통해 주님의 길이 수축되고 예비되어야 한다. 그것이 그분의 섭리다. 그들의 죽음에 대한 하나님의 생각은 다름 아닌 이것일 수 있다. "자녀야, 비켜나라. 네가 내 길을 막고 있다. 네 부모의 마음에서 네가 내 자리를 차지하고 있다."

생각 ⑭ 사탄은 모든 극단을 이용한다. 그러니 세상 것을 상실한 당신의 슬픔이 과도하지 않도록 조심하라.

당신이 극단으로 치달을 때마다 원수는 반드시 당신을 건드린다. 당신을 공격할 허점을 잡았으니 그에게 엄청난 이익이다. 사탄은 **이 어둠의 세상 주관자다.**^{엡 6:12} 사탄의 나라를 떠받치는 것은 어둠이다. 사탄에게 큰 이익이 되는 두 가지 어둠이 있다. 하나는 어두운 **생각**, 곧 무지다. 또 하나는 어두운 **형편**, 곧 근심과 고난이다. 사도가 이 에베소서 말씀에서 주로 다룬 것은 전자다. 하지만 사탄은 종종 후자도 이용하여 우리에게 자신의 계략을 수행한다. 우리가 근심으로 어두울 때, 그때가 사탄이 유혹하기에 가장 좋은 때다.

비겁한 마귀는 하나님의 사람들을 덮치되, 그들의 마음이 지치고 형편이 어려울 때 덮친다. 욥도 사탄은 하나님에 대한 악한 생각으로 그의 영을 해치려 했다. 그렇게 톡톡히 잇속을 챙길 심산이 아니었다면, 사탄은 하나님이 손을 펴서 욥의 몸과 재산과 자녀를 치시기를 절대 바라지 않았을 것이다. "이제 주의 손을 펴서……치소서. 그리하시면 틀림없이 주를 향하여 욕하지 않겠나이까."욥1:11

시편 기자가 말한 **물리적** 흑암은 **은유적** 흑암에도 그대로 적용된다. "주께서 흑암을 지어 밤이 되게 하시니 삼림의 모든 짐승이 기어나오나이다. 젊은 사자들은 그들의 먹이를 쫓아 부르짖으며."시104:20-21

인간의 어두운 밤이 사탄에게는 대낮이다. 우리가 고통당할 때 사탄은 가장 바쁘게 일한다. 사탄은 우리의 고난 위에 많은 음울한 생각을 덧뿌리고 접붙인다. 그것이 고난 자체보다 우리에게 훨씬 더 위험하다.

때로 사탄은 고난받은 영혼 안에 **낙심**의 생각을 집어넣는다. 그래서 "내가 놀라서 말하기를 주의 목전에서 끊어졌다"시31:22고 하거나, "스스로 이르기를 나의 힘과 여호와께 대한 내 소망이 끊어졌다 하였도다. 내 고초와 재난 곧 쑥과 담즙을 기억하소서"^{애 3:18-19}라고도 한다.

때로 사탄은 하나님에 대한 **완악한** 생각을 불어넣는다. "전능자가 나를 심히 괴롭게 하셨음이니라."^{룻 1:20} 다른 누구보다도 나를 더 심하게 다루셨다는 것이다. "나의 고통과 같은 고통이 있는가 볼지어다. 여호와께서 그의 진노하신 날에 나를 괴롭게 하신 것이로다."^{애 1:12}

때로 사탄은 주님을 향해 **원망하고 투덜대는** 생각을 부추긴다. 우리 영혼은 자신에게 임한 하나님의 손길을 싫어한다. 요나도 하나님의 손길에 화가 나서 "내가 성내어 죽기까지 할지라도 옳으니이다"^{욘 4:9}라고 말했다. 얼마나 비참한 생각인가! 세상의 표면적인 기쁨을 잃는 것보다 그것이 경건한 영혼에게 훨씬 큰 고통을 안겨 준다.

때로 사탄은 아주 **불경하고 무신론적인** 생각을 품게 한다. 마치 신앙에 힘쓰는 것이 전혀 무익한 일이며, 신앙의 본분을 다하려는 우리의 수고와 열심과 관심이 모두 헛수고에 지나지 않는다는 듯이 말이다. "내가 내 마음을 깨끗하게 하며 내 손을 씻어 무죄하다 한 것이 실로 헛되도다. 나는 종일 재난을 당하며 아침마다 징벌을 받았도다."^{시 73:13-14}

이런 식으로 사탄은 고난받는 그리스도인을 상대로 적잖은 잇속을 챙긴다. 물론 이런 생각들 자체는 사탄의 책임이며, 하나님은 그것을 자기 백성 탓으로 돌려 정죄하지 않으신다. 그래도 그런 생각들은 영혼의 평안을 앗아가고, 신앙의 본분을 다하지 못하게 하며, 고난 중에 엉뚱한 행동을 하게 만든다. 예컨대 우리는 자칫 다른 사람들을 실족하게 할 수 있고, 그들을 완악하게 만들어 죄에 빠뜨릴 수 있다. 그러므로 당신의 과도한 슬픔으로 마귀에게 빌미를 주지 않도록 조심하라. "우리는 그 계책을 알지 못하는 바가 아니로라."^{고후 2:11}

생각 ⑮ 하나님과 신앙의 명예를 조금이라도 생각한다면, 고난 때문에 과도한 슬픔에 빠지지 말라. 그렇지 않으면 하나님의 이름이 욕을 당하게 된다.

자신의 명예는 무시할지라도 하나님과 신앙의 명예만은 무시하지 말라. 어려움을 당했을 때 처신을 조심하라. 고인이 된 한 훌륭한 저자가 여기에 대해 맞는 말을 했다.

무신론자들이 이것을 보면 뭐라고 하겠는가? 하나님을 비웃는 사람들이 뭐라고 하겠는가? 워낙 술고래에다 악의적인 그들이 고난받는 당신을 본다면, 당장 조롱하며 "너의 하나님이 어디 있느냐?"고 따질 것이다.

하물며 당신마저 믿음 없이 "우리 하나님이 어디 있느냐?"고 외친다면, 그들이 듣고 뭐라고 하겠는가? 당장 이렇게 떠벌리지 않겠는가? "이게 바로 그들이 그토록 자랑하는 신앙이다. 보다시피 신앙은 곤경에 처한 그들에게 거의 도움이 되지 않는다. 그들이 말하는 풍성하고 소중한 약속들은 다 어디로 갔단 말인가? 그것이 다 무슨 소용이란 말인가? 천국에 보물이 있다지 않았는가? 거기에 보화가 있다면 무엇이 괴로워 그 세상 앞에서 당신의 거동을 조심하라. 사람들이 당신의 언행을 눈으로 보고 귀로 듣고 있다. 고통받을 때 당신의 태도가 그들과 비슷한 한, 그들은 결코 당신의 신조가 자기들의 신조보다 낫다고 생각하지 않을 것이다. 세상의 속인들은 다음과 같이 생각할 수밖에 없다. 당신이 아무리 하나님과 천국에 대해 그럴싸하게 말해도 당신의 마음은 자기들과 똑같이 세상 것들에 있다고 말이다. 세상 것들이 없어졌다 해서 당신도 그들처럼 과도히 슬퍼하고 있기 때문이다.

의지할 만한 충실하고 유능한 친구가 있다든지 잠시 후에 큰 재산을 물려받을 희망이 있다면, 그것이 얼마나 큰 버팀목이 되겠는가. 세상 사람들도 그것을 경험으로 알고 있다. 그런데 그들은 당신에게 그런 위안의 근거가 조금이라도 있는지 전혀 확신할 수 없다. 그런 것을 내세우지 않는 자기들만큼이나 당신이 완전히 낙심에 빠져 있다면 말이다. 그래서 그들은 어떤 형편에서나 한결같이 자족하라는 그리스도의 가르침을, 스토아학파의 가르침처럼, **거창한 말로만** 여기게 된다. 실천 가능성이 없다고 보는 것이다. 그래서 결국, 복음 전체가 공허한 환상이 되고 만다. 복음을 가장 열렬히 고백하는 사람들에게조차 복음이 전혀 도움이 되지 못하니 말이다.

신앙이 있는 사람이나 없는 사람이나 전혀 다르지 않다니 얼마나 수치인가! 그러므로 이제 사람들이 보통 뭐라고 비난하든 상관없이 세상에 보여주라. 당신이 중요하게 여기는 차이는 이런저런 견해나 약간의 엄격함이 아니라 겸손과 온유이며, 세상을 작게 여기고 하늘에 마음을 두는 태도다. 이제 그런 은혜를 모든 슬픔 속에서도 밝게 인내하는 당신의 행동으로 보여주라.

하나님이 당신의 영혼에 이런 귀한 은혜를 주심은 환난 중에 그 은혜를 힘입어 유익을 누리고 그분께 영광을 돌리게 하심이 아니겠는가? 그런데 고통의 때에 그 은혜는 억누르고 감춰 둔 채 당신의 교만, 정욕, 죽지 않은 세상의 마음만 드러내야 하겠는가? 그러면 당신이 부르는 그분의 영광스러운 이름에 얼마나 누가 되고 욕이 되겠는가? 게다가 당신이 정말 경건한 사람이라면, 당신의 마음은 고난 자체보다 이것 때문에 더 찢어질 듯 아플 것이다. 그러므로 당신은 자신의 평안과 위안은 소중히 여기지 않을지라도 하나님의 이름만은 소중히 여기기 바란다.

생각 ⑯ 잠잠히 평안하게 있으라. 이 고난 속에 얼마나 많은 은총이 배태되어 있을지 모른다.

혹독하고 매서운 고난은 때로 하나님의 사람들에게 큰 유익이 된다. 은혜를 힘입고자 더 신중하게 행하기만 한다면 누구나 매번 그런 유익을 누릴 수 있다. 그래서 거룩한 다윗은 "고난 당한 것이 내게 유익이라"[시 119:71]고 감사하며 고백했다. 물론 고난의 유익은 다윗 못지않게 당신에게도 똑같이 크다. 주께서 자기 백성을 성화되게 하시듯 고난까지도 똑같은 목적과 용도로 성화되게 하신다면 말이다.

이런 따끔한 매가 주어진 것은 그만큼 매가 충분히 필요했기 때문이다. 섭리를 통한 각성의 필요성을 당신도 사전에 조금은 알았을 수 있다. 설사 당신이 몰랐더라도 주님은 아셨다. 그분이 매를 들어 당신을 치신 것은 당신의 영혼을 향한 신실하고 자상한 사랑 때문에 당신을 바로잡지 않으실 수 없어서였다.

그런데 지금 당신은 매를 맞고 수심에 잠겨 있다. 이 땅의 위안을 잃은 것을 애통하며 비탄에 젖어 있다. 당신의 마음은 슬픔으로 미어지고, 사랑하는 친구가 언급되고 생각날 때마다 두 눈에 눈물이 흐른다. 다른 것은 몰라도 이것 하나만 보아도 당신에게 이 매가 필요했다. 이별에 대한 이 모든 슬픔이야말로 당신이 얼마나 이 땅의 위안에 마음을 두고 살았는지 명백히 보여주지 않는가? 당신의 마음은 그만큼 이 위안에 단단히 들러붙어 있었다.

그동안 당신은 생각보다 깊이 인간을 향한 애착에 빠져 있었다. 이럴 때 하나님은 어떻게 하셔야 하는가? 인간에게 점점 더 집착하도록 당신을 그냥 두셔야 하는가? 인간이 당신의 사랑과 기쁨을 남김없이 훔쳐가고 그분을 향한 당신의 마음을 빼앗아가도록, 그분은 가만히 계셔야 하는가? 그분은 당신을 사랑하시기에 그러실 수 없다. 당신이 이번 고난에 조바심을 낼수록 그만큼 더 이것이 당신에게 필요했다.

주님은 이렇게 당신을 쳐서 나른한 영혼을 깨우실 수 있다. 당신이 현세의 즐겁고 감각적인 기쁨을 베개 삼아 자고 있기에, 그분은 그 즐겁지만 위험한 영적 잠에서 당신을 깨어나게 하신다. 주님께 이런 말씀을 듣는 것보다 그것이 당신에게 정말 더 낫지 않은가? "계속 자게 두라. 그가 우상과 연합하였으니 버려 두라.호 4:17 생수의 근원인 나를 떠나 터진 웅덩이렘 2:13를 찾아가니 그냥 두라."

하나님은 당신이 이 세상에서 소유한 가장 즐거운 것 중 하나를 치셨다. 그것을 비롯하여 이 땅의 모든 위안이 헛된 것임을 이전 어느 때보다도 더욱 확실하고 절실하게 가르쳐 주시기 위해서다. 이제부터 당신은 자신의 마음과 소망과 사랑과 기쁨을 그런 것들에 쏟지 않을 것이다. 물론 전에도 당신은 그 대상이 헛되다고 말했다. 하지만 그 헛됨을 오늘처럼 생생히 피부로 느꼈을지는 의문이다. 그러니 당신이 보기에도 이것은 큰 은총이지 않은가? 혹시 하나님이 당신에게서 세상을 사랑하는 마음과 세상에 대한 헛된 기대를 모두 떼어내시는 중이라면, 이로써 그 대상에 대한 당신의 **생각이 바뀌고** 이 땅의 모든 기쁨에 대한 당신의 **애정이 적절히 조절되는** 것이다. 이것이 아무것도 아니라고 할 수 있는가? 친구가 도로 살아나는 것보다 분명 이것이 당신에게 더 큰 은총이다.

방황하고 헤매던 당신의 마음이 이 매를 통해 집이신 하나님께 돌아온다면 어떻게 하겠는가? 그동안 소홀했던 신앙의 본분, 침체했던 하나님과의 교제, 천국에 합당한 영적인 마음 자세가 되살아난다면 그때는 뭐라고 말하겠는가? 분명히 당신은 그 방해물을 제하신 자비로운 손을 송축할 것이고, 이런 방식으로 당신을 되찾으신 하나님의 지혜와 선하심을 찬송할 것이다. 이제 당신은 전보다 더 꾸준하게, 더 영적으로, 더 애정을 담아 기도

할 수 있다. 이런 열매를 맺게 했으니 이 얼마나 복된 매인가! 당신이 누린 최고의 은총 중 하나로 기록되어야 할 것이다. 이 유익한 고난 덕분에 당신은 영원히 하나님을 찬송하고 경배할 이유가 생겼다.

생각 ⑰ 하나님이 당신에게 따끔한 매를 드셨다 해서 마냥 조바심을 치거나 슬픔에 잠기지 말라. 비록 따끔할지라도 그것은 당신만큼 선한 다른 사람들이 받은 매에 비하면 비교적 가벼운 매다.

당신이 사랑하는 가족이 죽었다. 묵묵히 받아들이라. 그나마 그것은 단번의 죽음이었다. 어떤 사람들은 가족이 여러 번 죽는 것처럼 질질 끄는 죽음을 겪었다. 거기에 비하면 당신의 경우는 아무것도 아니다.

시드기야는 자기 자식들이 살해되는 것을 다 목격한 뒤에야 너무 늦게 두 눈이 뽑혔다. 앞에 언급한 훌륭한 저자의 명저에 보면[28] 아일랜드 북부에 살던 어느 고매하고 경건한 귀부인의 사연이 나온다. 그곳에 반란이 일어났을 때 그녀는 세 자녀를 데리고 피난길에 올랐다. 그중에는 젖먹이도 있었다. 얼마 가지 못해 아일랜드 사람들에게 잡혔는데, 그들은 이들을 벌거벗기기만 하고 뜻밖에도 목숨을 살려 주었다. 추위와 굶주림 때문에 어차피 죽을 것으로 생각했던 모양이다. 그러나 나중에 로흐 네이 $_{Lough Neagh}$ 호수로 흘러드는 강기슭을 걷던 중 다른 사람들에게 붙잡혔다. 그들이 일행을 강 속에 밀어 넣으려 하자, 이 경건한 여인은 당황하지 않고 잠시 기도할 말미를 달라고 청했다. 얼어

붉은 땅바닥에 벌거숭이로 주저앉은 그녀는 이 억울한 죽음을 향해 제 발로 걸어가지 않기로 작정했다. 불러도 계속 마다하던 그녀는 결국 험한 길 위로 질질 끌려가 어린 자녀들과 다른 사람들과 함께 강 속으로 떠밀려 들어갔다.

하지만 그녀는 무릎 꿇은 자세로 돌아보며 말했다. "분명히 당신들도 그리스도인일 것이고, 보다시피 남자들이오. 우리의 기구한 목숨을 이렇게 죽여 주니 차라리 우리로서는 다행이오. 하지만 알아 두시오. 우리는 당신이나 당신네 사람들에게 잘못한 게 없소. 언젠가 당신들도 죽어 천지의 재판관께 이 잔인한 짓을 고하게 될 것이오." 그러자 그들은 차마 자기 손으로 이들을 죽이지 못하고 강 속의 작은 섬에 모두 알몸뚱이로 두고 가 버렸다. 그대로 죽으라고 먹을 것도 주지 않았다.

이튿날 두 어린 아들이 기어서 옆으로 가 보니 짐승의 가죽이 보였다. 눈 위에 누워 있던 아이들 위로 엄마가 나무뿌리를 던져 죽인 짐승이었다. 이튿날 작은 배가 지나가기에 그녀가 제발 태워 달라고 애원했으나 아일랜드 사람들은 거절했다. 빵을 조금 달라고 해도 없다고 했다. 겨우 불씨를 청해 얻었다. 그 불씨에 바닥의 나뭇조각을 조금 얹어 작은 불을 피웠다. 아이들은 짐승의 가죽을 가져다 불에 구워 질겅질겅 씹기 시작했다. 하지만 하나님의 특별한 도움이 없고서야 그것으로 얼마나 버티겠는가?

이렇게 그들은 전혀 외부의 도움 없이 열흘을 버텼다. 빵 대신 얼음과 눈뿐이었고, 마실 것이라곤 물밖에 없었다. 두 어린 아들이 거의 굶어 죽게 되자, 그녀는 차마 그 모습을 볼 수 없어 아이들을 보이지 않는 곳으로 밀쳐냈다. 다행히 하나님이 결국 기적적으로 그들을 구해 주셨다. 그동안 내내 그들을 붙들어 주셨던 것처럼 말이다.

하지만 생각해 보라. 이런 시련에 비하면 차라리 평범한 자연사가 낫지 않겠는가? 그래도 이 고매하고 한없이 경건한 여인의 경우에는 주께서 그렇게 하셨다.

존 월John Wall 씨의 『오직 그리스도뿐』 *None but Christ* 이라는 책에도 보면 독일의 어느 가난한 가정에서 일어난 가슴 아픈 대목이 나온다. 기근 때문에 굶어 죽을 지경이 되자, 결국 부모는 서로 몸짓을 주고받아 자녀 중 하나를 팔아 빵을 사서 남은 식구를 살리기로 했다. 하지만 어느 아이를 팔 것인지 생각하니 마음이 무너져 내렸다. 누구 하나 애처롭지 않은 자식이 없었다. 그래서 그들은 차라리 모두 함께 죽기로 마음먹었다. 예레미야애가 4:10에도 "자비로운 부녀들이 자기들의 손으로 자기들의 자녀들을 삶아 먹었도다"라는 기록이 나온다.

이런 극단적인 경우만 있는 것이 아니다. 그 외에도 많은 부모가 자녀가 방탕하게 살다가 죽는 모습을 보아야 했다. 그중에는 경건한 부모들도 있었다. 어떤 부모들은 자녀가 법의 심판을 받아 목에 밧줄이 둘린 채 자신의 반항을 한탄하며 죽는 모습을 보기도 했다.

독자여, 다른 사람들의 고난이 얼마나 뼈아픈 것인지 당신은 잘 모른다! 주께서 누구보다도 당신을 더 심하게 다루셨다고 생각할 이유가 전혀 없다. 다른 사람들이 겪은 일에 비하면 그것은 가벼운 매요 자비로운 섭리다.

생각 ⑱ 하나님이 당신의 하나님이시라면 당신은 현세적 낙이 없어져도 정말 하나도 잃은 것이 없다.

하나님은 모든 참된 위로의 근원이시다. 사람들은 하나님이 임의로 주시는 위안을 받아 두었다가 우리에게 전하는 웅덩이일 뿐이다. 아무리 귀하고 좋은 사람들이라도 마찬가지다. 그 웅덩이가 터졌거나 관이 막혀 더는 우리에게 위안을 전할 수 없게 되면, 하나님은 우리가 생각하지 못하는 다른 통로를 사용하신다. 또한, 원하시면 그런 통로가 전혀 없이 자신의 사람들에게 직접 위안을 주실 수도 있다. 그분이 그렇게 하시더라도 우리는 아무것도 잃는 게 아니다. 생수의 근원에서 직접 흘러나오는 위안보다 더 맛있고 달콤하고 매혹적인 위안은 세상에 없다.

　우리가 세상의 위안을 과도히 사랑하고 그것을 잃을 때 과도히 슬퍼하는 것은 육신의 마음 때문이다. 그래서 우리는 마치 그런 보조물이 주는 기쁨 없이 하나님만으로는 부족하다는 듯 애통한다.

　충만한 생수의 근원이 당신의 것인가? 그런데도 당신은 터진 웅덩이가 없어졌다고 낙심하는가? 인간은 아무리 최고라 해도 결국 터진 웅덩이에 지나지 않는다.렘 2:13 웅덩이는 받지 않으면 아무것도 없고, 그나마 밑이 터지면 받은 것마저 담아 둘 수 없다. 그런데 왜 당신은 마치 당신의 삶이 인간에게 매여 있는 것처럼 애통하는가? 이전처럼 지금도 당신은 막힘없이 생수의 근원이신 그분께 직접 나아갈 수 있다. 잃어버린 것을 이 땅의 다른 위안으로 보충하라는 것은 이교도의 조언이다. 그들이나 거기서 위안을 얻도록 하라. "사랑하는 사람을 보냈으니 대신 사랑할 사람을 찾아라. 상실을 슬퍼하는 것보다 대신할 것을 찾는 게 낫다."[29] 이것은 세네카의 말이다.

비록 하나님이 같은 종류의 것으로 채워 주지 않으신다고 해도, 알다시피 그분 자신이 당신의 상실을 풍성히 채워 주실 수 있다. 그리스도인이여, 그분께 한 번 입 맞추고 그분의 얼굴을 한 번 뵙고 성령의 인印을 한 번 받는 것이 세상의 가장 달콤한 관계가 줄 수 있는 위안보다 더 달콤하고 실속 있지 않은가? 물줄기가 끊기거든 근원으로 가서 보충하라. 그곳의 물로 충분하다. 하나님은 지금도 그 자리에 계신다. 인간은 변해도 그분은 늘 동일하시다.

생각 ⑲ 당신의 삶에 약간의 위안이 없어졌을 수 있지만, 분명히 그 보상으로 당신의 죽음이 더 쉬워질 수 있다.

친구들이 먼저 떠난 것이 당신이 그들을 뒤따라야 할 시점에 당신에게 큰 유익이 될 수 있다. 악하고 죄 많은 세상에 사람들을 두고 가려면, 사랑과 염려와 두려움이 밀려들 수밖에 없다. 하지만 얼마나 많은 선량한 사람들에게 그것이 임종 시에 덫과 방해물이 되었던가!

그들을 향한 사랑이 덫이 되면 당신은 떠나기가 싫어 망설이게 된다. 그들 때문에 죽기가 싫어진다. 그래서 하나님은 당신이 그렇게 되지 않도록 미리 그들을 데려가셨거나, 또는 당신에게 천국을 보여주시고 그분의 사랑을 맛보게 하신다. 인간을 향한 현세적 애착을 모두 굴복시켜 죽이게 하시는 것이다.

내가 아는 어느 경건한 사람이 병을 앓다 지금은 천국으로 갔는데, 그녀는 사랑하는 사람을 두고 차마 떠나지 못하겠다며 마지막 몇 주 동안 불평하곤 했다. 그녀의 영혼에 그보다 더 큰 방해물은 없었다. 먼저 천국에 가 있는 친구들과 합류하는 것이 사랑하는 소중한 사람들을 두고 떠나기보다 훨씬 쉽다.

죽을 때 당신은 그들에 대한 온갖 염려와 잡념으로 마음이 괴롭고 산란할 것이다. "내가 가면 이들은 어찌 될 것인가? 거짓되고 더럽고 위험한 세상에서 아무도 모를 결핍과 불행과 유혹과 고난을 겪으며 나 없이 살아야 할 텐데 말이다." 알다시피 우리의 본분은 아버지를 잃을 자녀들과 친구를 잃을 지인들을 하나님께 맡기는 것이다. 원래 그들을 주신 분께 그들을 도로 의탁하는 것이다. 정말 어떤 사람들은 죽을 때 하나님의 능력으로 즐거이 그들을 그분께 맡긴다. 예컨대 루터는 이렇게 고백했다. "주님, 주님이 제게 아내와 자녀들을 주셨습니다. 저는 그들에게 별로 남길 것이 없습니다. 고아들의 아버지이시며 과부들의 재판관이신 주께서 그들을 먹이시고, 가르치시고, 지켜 주소서."[30] 하지만 모든 그리스도인에게 루터 같은 믿음이 있는 것은 아니다. 어떤 사람들은 죽음 앞에서 좀처럼 정을 떼지 못한다. 하지만 하나님이 당신의 사람들을 모두 앞서 보내셨다면, 이제 당신은 할 일이 훨씬 줄었다. 다른 사람들보다 당신에게 죽음이 더 쉬울 수 있다.

생각 ⑳ 지금까지 말한 모든 내용으로도 이해되지 않는다면 마지막으로 기억해야 할 것이 있다. 슬픔도 없고 사별에 대한 서글픈 회상도 없는 그 상태와 장소에 당신도 가까이 와 있다.

조금만 있으면 당신은 그들을 그리워하지도 않고, 그들이 필요하지도 않게 된다. 하나님의 천사들처럼 살게 되기 때문이다. 지금은 우리가 믿음으로 사는 부분도 있고 감각으로 사는 부분도 있다. 하나님을 의지하는 부분도 있고 인간을 의지하는 부분도 있다. 우리의 상태가 이렇게 뒤섞여 있다 보니 우리의 위안도 마찬가지다. 하지만 마침내 하나님이 우리의 전부가 되시면, 우리의 생활 방식도 하나님의 천사들처럼 된다. 그때의 형편은 지금과 얼마나 다르겠는가!

천사들은 시집도 가지 않고 장가도 가지 않는다. 부활의 자녀들도 마찬가지다. 죄짓는 시절이 끝나면 애통하는 시절도 끝난다. 죄가 들어오기 전에는 무덤이 없었듯 죄가 축출된 후에도 다시는 무덤을 팔 일이 없다.

우리의 가족들과 친구들이 영화로워진 모습으로 영원히 우리와 함께 살 것이다. 그들은 더는 불만을 호소하거나 죽지 않는다. 당신도 그 상태로 넘어가면 똑같은 행복을 누리게 된다. 당신의 영혼은 기쁨의 근원이신 하나님과 가장 친밀하게 연합할 것이고, 그분 곁에서 아무런 근심도 없을 것이다. 이제는 인내의 훈련도 없고 지금처럼 슬퍼할 일도 없다. 조금만 있으면 그런 것들은 다 종말을 맞는다. 그러니 끝까지 견디라. 기쁨의 날이 눈앞에 와 있다.

이로써 내 강론의 두 번째 항목은 마무리된다. 지금까지는 과
도한 슬픔의 죄에 빠지지 않게 권고하는 내용이었다. 이제 세 번
째 부분으로 넘어가 과도한 슬픔을 정당화하려는 변명과 핑계
에 대응하고자 한다.

chapter 07

과도한 슬픔의 변명에 대한 대응

감정을 구실 삼아 자신의 과도한 반응을 정당화하거나 적어도 유리하게 해석하는 것이 인간의 본능이다. 선한 사람들도 마찬가지다. 둘러댈 만한 이유와 구실이 얼마든지 있다는 식이다. 여기에 충분히 대응하기만 하면, 영혼은 자신의 죄에 대한 변명을 그만둘 수 있다. 일단 그런 확신이 생긴 영혼은 해결책을 받아들일 공산도 크다. 그 해결책은 이 책의 마지막 장에서 살펴볼 것이다.

따라서 지금 내가 할 일은 그런 변명에 맞서 대응하는 것이다. 사별의 경우에도 과도한 슬픔을 정당화하는 데 흔히 쓰이는 구실들이 있다. 누가복음의 본문 말씀에 비추어 자녀와의 관계를 중심으로 풀어 나가겠지만, 이것은 다른 모든 관계에도 똑같이 적용된다.

변명 1 "당신은 여러 좋은 생각들로 나에게 하나님의 무서운 매에 말없이 순순히 복종하라고 다그치고 있다. 하지만 지금 내 영혼이 얼마나 괴로운지 당신은 잘 모른다. 이 아이는 오랜 기도 끝에 얻은 아이였다. 주님께 간구하여 받은 사무엘이었다. 아이를 받았을 때 오랜 기도가 응답되었다고 확신했다. 그런데 인제 보니 아무것도 아니었다. 하나님이 기도를 들어 주신 것도 아니었고, 아이를 내가 생각했던 특별한 은총으로 주신 것도 아니었다. 그분은 아이만 데려가신 게 아니라 그날로 내 기도까지 물리치고 외면하셨다."

대응 1 자녀가 없을 때 자녀를 달라고 기도한 것은 당신의 마땅한 본분이었다. 하나님은 그분이 선히 여기시는 대로 자녀를 주실 수도 있고 주지 않으실 수도 있다. 또한, 자녀를 남겨 두실 수도 있고 데려가실 수도 있다. 당신은 복종하는 자세로 기도했어야 하고, 기도의 응답을 그분의 뜻에 맡겼어야 한다. 그렇게 하지 않았다면 그것은 당신의 죄다. 이스라엘의 거룩하신 이를 당신이 제한해서는 안 된다. 그분께 답을 정해 주어서도 안 되고, 당신이 표면적 위안을 누릴 수 있는 기준에 대해 그분과 협상해서도 안 된다. 만일 그랬다면 그것은 당신의 악이며, 하나님이 공의롭게 이번의 매로 그것을 징계하신 것이다.

당신은 자녀라는 은총과 그것의 존속을 둘 다 하나님의 뜻에 맡겼어야 하고, 무조건 복종하는 자세로 기도했어야 한다. 만일 그랬다면 자녀의 죽음은 당신이 드리는 기도의 참 목적과 의도에 조금도 어긋나지 않았을 것이다.

대응 2 당신이 구한 것을 하나님이 주지 않으시거나 잠깐 주셨다가 도로 가져가시더라도 기도는 응답된 것이다. 하나님은 네 가지 방식으로 기도에 응답하신다. 기도한 대로 바로 주시는 경우단9:23 응답을 한동안 보류하셨다가 나중에 주시는 경우눅18:7 구한 것 대신 더 좋은 은총을 주시는 경우신3:25, 신34:4-5 끝으로 상실이나 결핍을 견딜 인내를 주시는 경우고후12:9 등이다. 주께서 당신의 자녀나 친구를 데려가시고 그 대신 당신에게 그분의 뜻에 말없이 순순히 복종하는 마음을 주셨다면, 그분이 기도를 물리치셨다고 말해서는 안 된다.

변명 2 "하지만 나는 예쁘고 착실하고 마냥 사랑스러운 아이를 잃었다. 아름답고 마음씨 고운 아이였다. 이렇게 멋있고 귀여운 아이를 잃고도 통곡하지 않는다면 그것은 매정한 것이다. 이것은 평범한 상실이 아니다."

대응 1 자녀가 멋있고 예뻤을수록 그의 죽음을 하나님의 뜻으로 받아들이는 당신의 자족과 인내도 그만큼 더 훌륭해진다. 당신의 멋과 기품과 자기부정이 더욱 돋보이게 된다. 설사 자녀가 실제보다 천 배나 더 사랑스럽고 착실했다 해도, 그것이 하나님을 부인해야 할 만큼 그렇게 대단한 것은 아니다. 당신이 하나님의 뜻에 순종하면 본능적 애착은 참으로 거기에 굴복한다. 그래서 세상의 가장 아름답고 멋있는 기쁨보다도 자족과 인내가 당신에게 훨씬 아름다워 보인다. 그렇게 되면 그것은 당신에게 은혜의 진실성과 위력에 대한 간증이 될 수 있다. 아브라함처럼 당신도 끔찍이 사랑하는 자녀와 헤어질 수 있다. 당신이 무한히 더 사랑하는 하나님의 뜻에 순종하기 위해서 말이다.

대응 2 자녀나 친구의 멋과 아름다움은 마땅히 하나님이 주신 좋은 선물이지만, 그래도 흔한 선물에 지나지 않으며 오히려 덫이 될 때도 잦다. 본래 그것은 잠시 있다가 사라지는 것이므로 이렇게 과도히 슬퍼할 일은 아니다.

다시 말하지만, 그것은 흔한 선물에 지나지 않는다. 엘리압과 아도니야와 압살롬은 당대의 누구보다도 용모가 아름다웠다. 아름다운 용모는 경건한 사람들만이 아니라 악한 사람들과 심지어 잔인한 짐승들에서도 흔히 볼 수 있다. 대부분의 출중한 사람들에게 그것은 오히려 유혹으로 작용한다. 어떤 사람들은 차라리 몸이 덜 아름답고 준수했더라면 영혼이 더 아름답고 준수해졌을 것이다. 게다가 출중한 외모는 잠시 피었다 시드는 꽃에 지나지 않는다. 따라서 이것을 큰일로 여겨 과도히 슬퍼해서는 안 된다.

대응 3 당신의 가족이나 친구가 예수 안에서 자고 있다면 부활의 아침에 그는 이 세상에 있을 때보다 만 배는 더 아름다워질 것이다. 필멸의 존재가 아무리 완전무결하게 아름다워도 부활한 성도들의 아름다움에는 비할 바가 못 된다. "그 때에 의인들은 자기 아버지 나라에서 해와 같이 빛나리라."[마 13:43] 바로 이 소망을 품고 당신은 그들과 헤어지는 것이다. 그러니 당신의 소망에 걸맞게 행동하라.

변명 3 "하지만 내 아이는 너무 어려서 죽었다. 겨우 만나 사랑하고 있는데 이별이 찾아왔다. 그 달콤한 기쁨을 더 오래 맛보고 누렸다면 이별을 견디기가 좀 더 쉬웠을 것이다. 아이와 함께 보낸 몇 달, 몇 년은 너무 짧았다. 괜히 기대감만 생겼다가 금방 꺾였으니 그만큼 슬픔이 클 수밖에 없다."

대응 1 당신의 가족이나 친구가 어린 나이에 죽었는가? 거의 관계를 맺자마자 관계가 끝나 버렸는가? 이것을 감당 못 할 짐으로 보아서는 안 된다. 그리스도 안에서 죽었다는 소망의 근거만 있다면, 그들은 이 세상에서 충분히 오래 산 것이다.[31] 이런 말이 있다. "항구에 들어간 사람은 충분히 오래 항해했고, 승리를 얻은 사람은 충분히 오래 싸웠고, 결승점에 도달한 사람은 충분히 오래 달렸으며, 천국에 들어간 사람은 이 땅에서 충분히 오래 살았다. 여기서 보낸 시간이 전혀 짧지 않다." 정말 맞는 말이다.

대응 2 일찍 죽은 사람일수록 그만큼 죄도 덜 지었고 슬픔도 덜 맛보았다. 죄와 슬픔 외에 세상에서 무엇을 보겠는가? 세상을 빨리 통과하여 영광에 들어가는 것은 남다른 특권이다. 분명히 세상은 그리스도인들이 한시라도 더 머물고 싶을 만큼 좋은 곳이 아니며, 이는 본인만 아니라 자신의 사람들에 대해서도 마찬가지다. 주어진 최적의 시간만큼만 있다가 가면 된다.

대응 3 상대를 더 오래 누렸다면 이별이 더 쉬웠을 것 같지만, 그것은 어리석고 근거 없는 착각이다. 누린 기간이 길수록 더 정들게 마련이다. 작고 여린 묘목은 한 손으로도 쉽게 뽑을 수 있지만, 여러 해 동안 뻗어 나가 땅속에 단단히 박힌 뿌리는 계속 세게 찍고 힘껏 잡아당겨야 뽑힌다. 애착도 땅속의 뿌리처럼 장기간의 소유와 친분을 통해 가장 강해지고 질겨진다. 당신이 어떻게 생각하든, 나중보다 지금 헤어지는 게 훨씬 쉽다. 어쨌든 하나님의 때가 최적의 때이니 우리는 그것으로 만족하면 된다.

변명 4 "하지만 나는 자식이라곤 달랑 하나뿐이니 모든 것을 잃었다. 그 아이 대신 아픔을 달래주고 상실을 채워 줄 다른 자녀가 없다. 하나님이 다른 자녀를 더 주셨다면 그나마 위안이 되어 이토록 상실이 크지는 않았을 것이다. 하지만 일격에 전부 다 잃었으니 견딜 수가 없다."

대응 1 그리스도인은 사랑하는 사람의 죽음을 **상실**이라는 가혹한 말로 표현할 재량이 없다. 신앙이 그것을 허락하지 않는다. 고인은 상실된 게 아니라 앞서갔을 뿐이다.[32] 게다가 그리스도인이 그런 부당한 표현을 쓰다가 이교도의 책망을 듣는 것은 부끄러운 일이다. 예컨대 이교도인 에픽테토스 Epictetus, c. 55-c. 135 의 말은 우리의 얼굴을 화끈거리게 하기에 충분하다. "무엇에 대해서든 상실했다고 말하지 말라. 되돌려졌다고 말하라. 아들이 죽었는가? 되돌려졌을 뿐이다. 유산을 잃었는가? 역시 되돌려진 것이다." 잠시 후에 그는 이렇게 덧붙였다. "모든 것을 신들이 원하는 대로 두라."

대응 2 그리스도를 잃은 것이 아니라면 모든 것을 잃었다는 말은 맞는 표현이 아니다. 그분이 한번 당신을 소유하시면, 당신은 그분을 결코 잃을 수 없다. 물론 당신의 말은 그런 종류의 위안을 다 잃었다는 뜻이다. 하지만 그것 말고는 당신에게 아무것도 없는가? 더 고귀한 종류의 위안, 더 소중하고 영구적인 위안이 아직도 허다하게 남아 있지 않은가? 지금 그 위안을 잃고 없다 해도, 그보다 더 좋은 것이 있다면 얼마나 기뻐할 일인가!

대응 3 당신의 이 불평은 너무나 세상을 닮았다. 세상 사람들은 하나의 위안을 잃었을 때 같은 성질의 다른 위안으로 대신하는 방법밖에 모른다. 빈자리를 다른 위안으로 채우는 것이다. 하지만 당신에게는 상실을 대신할 다른 방법이 있지 않은가? 떠나간 사람의 자리를 채우실 하나님이 계시지 않은가? 분명히 이런 변명은 하나님을 자신의 전부라고 고백하는 사람보다 이생에 소망을 두는 사람에게 더 어울리는 것이다.

변명 5 "하지만 나는 하나밖에 없는 자식을 잃었을 뿐 아니라 다시 자식을 낳을 가망조차 없다. 죽은 나무와 같은 신세라서 다시는 자녀의 위안을 누릴 수 없다. 그 생각을 하면 가슴이 찢어지는 것 같다."

대응 1 그 말이 사실이라고 하자. 당신은 앞으로 자녀를 낳을 가망이나 소망이 없다. 하지만 자녀보다 더 좋은 것을 얻을 소망이 있다면 당신은 낙심할 이유가 없다. 그보다 더 좋고 고귀한 소망을 주신 하나님을 찬송하라. 이사야 56:5에 보면 자녀를 낳을 가망이 없는 사람들을 여호와께서 이렇게 위로하신다. "내 집에서 내 성 안에서 아들이나 딸보다 나은 기념물과 이름을 그들에게 주며 영원한 이름을 주어 끊어지지 아니하게 할 것이며." 자녀보다 더 좋은 은총과 고귀한 소망이 있다. 비록 자녀를 낳을 소망이나 자녀에게 바랄 소망은 없을지라도, 당신은 낙심해서는 안 된다. 당신의 영원한 소망은 견고하며 당신을 부끄럽게 하지 않기 때문이다.

대응 2 하나님이 이제는 자녀를 위안으로 삼지 못하게 하시거든, 그분을 위안으로 삼기로 작정하라. 그 둘을 맞바꾸면 상실을 불평할 이유가 없어진다. 인간에게서 얻지 못할 것이 하나님 안에 있음을 알게 된다. 가장 행복한 부모조차도 여태껏 자녀에게서 얻지 못한 것을 당신은 하나님과 한 시간만 교제하면 누릴 수 있다. 놋을 금으로, 썩어질 헛된 것을 영원하고 견고한 보화로 맞바꾸게 된다.

변명 6 "하지만 너무 갑작스러운 죽음이라 어이가 없다. 이번 시련에 하나님의 경고가 없어서 마음을 준비할 겨를이 없었다. 아무런 기미도 없이 순식간에 죽음이 찾아왔다. 사랑하는 남편이나 아내나 자녀를 불시에 잃었다. 뜻밖의 죽음이라 더욱 가혹하게 느껴진다."

대응 1 가족의 죽음이 그렇게 뜻밖이자 갑작스럽게 느껴진 것은 다분히 당신의 불찰이다. 당신은 관계의 덧없음을 날마다 의식하며 살았어야 했고, 가족과 헤어질 일을 예상했어야 했다. 아무리 좋은 위안도 결국 죽으리라는 것을 당신도 알고 있었다. 죽을 줄 알았던 것이 죽었는데 새삼스럽게 놀랄 일이 무엇인가? 게다가 당신은 주변의 다른 가정들의 부음(訃音)을 늘 들었고, 다른 부모들과 남편들과 아내들이 장례를 치르는 모습도 자주 보았다. 이 모두가 당신도 비슷한 시련에 대비해야 한다는 경고가 아니고 무엇인가? 이렇듯 이번 고난이 그토록 깜짝 놀랄 일로 느껴진 것은 분명히 당신의 방심과 불찰 때문이다. 그게 누구 탓인지 당신도 잘 안다.

대응 2 아이의 갑작스러운 죽음과 성인의 그것은 분명히 다르다. 성인은 평소에 취할 수 있는 조치가 많이 있다. 실제로 많은 죄를 회개할 수 있고, 자신이 그리스도 안에 있다는 증거를 여러모로 살피고 확인할 수 있다. 그리하여 더 편안한 죽음을 맞이할 수 있고, 갑작스러운 죽음을 면하도록 빌 수도 있다.

반면에 아이는 이성을 사용할 수 없으므로 성인과는 전혀 다르다. 아무런 조치도 취할 수 없을 만큼 전적으로 수동적인 입장이다. 아이의 구원에 필요한 모든 일은 하나님이 아이에게 직접 하신다. 다만 죽는 과정이 신속하게 이루어지는가 아니면 천천히 진행되는가, 그것만 문제가 될 뿐이다.

대응 3 당신은 죽음이 갑작스럽다고 불평하지만, 대뜸 이렇게 말할 사람도 있다. "내 친구가 차라리 그런 식으로 죽었다면,

내가 지금처럼 이렇게 고통스럽지는 않을 것이다. 나는 그 친구가 여러 번 죽는 것처럼 질질 끄는 죽음을 겪었다." 어떤 사람은 이렇게 말할 수도 있다. "나는 사랑하는 가족에게 죽음이 서서히 다가오는 것을 보았다. 그는 자신을 덮쳐오는 죽음을 시시각각 고스란히 느껴야 했고, 그래서 자주 욥처럼 이렇게 부르짖었다. '어찌하여 고난 당하는 자에게 빛을 주셨으며 마음이 아픈 자에게 생명을 주셨는고. 이러한 자는 죽기를 바라도 오지 아니하니 땅을 파고 숨긴 보배를 찾음보다 죽음을 구하는 것을 더하다가 무덤을 찾아 얻으면 심히 기뻐하고 즐거워하나니.'욥 3:20-22"

당신이 쓰라린 고통이라 여기는 것을 오히려 은총과 특권이라 여길 사람들도 있다. 애정 어린 부모들과 친구들 가운데 다름 아닌 이 일로 무릎을 꿇어야 했던 사람들이 얼마나 많았겠는가? 그들도 당신만큼이나 각자의 고인을 애틋이 사랑했다. 그런데도 그들은 차라리 이별을 앞당겨 주시고, 서서히 죽어가는 과정을 지켜보는 슬픔을 끝내 달라고 주님께 기도했다. 그들에게는 그것이 사별의 슬픔보다 훨씬 컸다.

변명 7 "당신은 슬픔이 적절해야 한다고 나를 다그치고 있다. 나도 그래야 함을 안다. 하지만 당신은 내 처지를 모른다. 이 쓰라린 자책감은 나밖에 모른다. 그것을 도저히 견딜 수 없다! 나는 제때에 적절한 조처를 하지 않아 생명을 살리지 못했다. 조처했다 하더라도 잘못이 있었다. 이런 소홀함이나 잘못된 조처를 생각하면, 때늦은 애통과 서글픈 상실이 다분히 내 탓이라는 생각을 떨칠 수 없다.

내가 너무 소홀하고 성급하고 경솔했다! 내 어리석음 때문에 양심의 가책이 심하고, 보통 사람들이 느끼는 것보다 짐이 무겁다! 내가 제때에 적절한 조처를 했고 유능한 실력자들에게 처방을 받아 그 방침과 조언을 엄격히 따랐더라면, 남편이나 아내나 자녀는 지금까지 살아 있을지도 모른다. 나는 그냥 사별한 게 아니라 사별을 자초했다. 분명히 나만큼 고통스러운 사람은 없을 것이다."

대응 1 물론 하나님이 정하신 건강을 회복하려는 조처를 소홀히 하거나 경시하는 것은 악한 일이다. 하지만 그런 조처에 너무 비중을 두거나 그것에 과도히 의존하는 것도 그 못지않게 악하다. 세상 최고의 조처도 하나님의 도움과 지지가 없으면 미약하고 무익한데, 하나님의 때가 찼다면 어떤 조처도 결코 그분의 도움과 지지를 얻을 수 없다. 당신의 친구에게 그분의 때가 찼다는 것은 그가 죽었다는 사실을 통해 이미 밝히 드러났다. 따라서 설령 그가 세상에서 가장 탁월한 도움을 받았더라도 아무런 소용이 없었을 것이다. 당신에게 이런 생각이 드는 것은 하나님의 뜻을 결과만 가지고 보기 때문이다. 대체로 병중에는 하나님의 뜻이 불확실한 법인데, 이렇게 그분의 뜻이 불확실하고 애매할 때는 누구의 말도 귀에 들어오지 않을 수 있다.

대응 2 당신은 정작 자신의 불찰이나 잘못이 아닌 일로 부당하게 자책하는 것은 아닌가? 이번 일에 당신의 책임은 얼마나 될까? 그것을 가장 잘 살펴보려면 그때 당신의 상황이 지금과는 달랐음을 알아야 한다. 그때는 아직 가족이 병중에 있어서 당신의 의무와 최선의 조치가 무엇인지 확실하지 않았다. 아마 당신은 의술의 도움을 받고도 죽은 사람들과 그것이 없이도 회복된 사람들을 꽤 많이 보았기에, 당신의 친구도 괜히 의술의 모험에 맡기느니 그러지 않는 편이 더 안전하다고 판단했을 수 있다.

여러 가지 방법과 방침을 처방받고 권유받은 경우에도 마찬가지다. 결과적으로 당신이 가장 부적절한 방법을 선호했고 가장 안전하고 유망한 방법을 무시했다고 하자. 이제야 그 잘못을 깨달았다 해도 그 당시에는 당신이 그것을 몰랐고, 그래서 아는 만큼의 지식을 바탕으로 최선의 결정을 내렸다. 만일 그렇다면 실제로 최선인지 아닌지를 떠나 그때 당신에게 최선으로 보인 방침을 선택한 것을 인제 와서 자신의 잘못으로 돌리는 것은 지극히 부당한 처사다.

그때 당신은 최선의 판단과 분별에 따라 어떤 행동을 했거나 하지 않았다. 그런데 그것을 전혀 다른 관점에서 보게 되었다는 이유로 그때의 자신에게 노한다면, 그것은 자신이 하나님이 아니라 인간일 뿐임을 문제 삼는 것이다. 앞날의 일을 내다보실 수 있는 분은 오직 하나님뿐이다. 당신은 마땅히 이성적 존재답게 행동한 것이다. 그 시점에 당신에게 있던 지식을 바탕으로 말이다.

대응 3 결론적으로 큰 고난의 시기는 대개 큰 유혹의 때이기도 하다. 이때 흔히 사탄은 우리에게 실제보다 더 많은 죄를 돌릴 뿐 아니라, 공정하게 따져 보면 우리의 죄가 아닌 것도 우리의 죄로 둔갑시킨다.

당신이 정말 알면서 고의로 불찰을 저질렀거나 잘못을 범했다면, 또는 가족의 목숨보다 수중에 있는 약간의 돈을 중시하여 일부러 돈을 아끼고 위험을 선택했다면, 당신의 고난에는 악한 죄가 많이 개입되어 있다. 그런 죄에 양심의 가책을 느끼는 것은 당연한 일이다. 하지만 그런 경우가 아니라면 거짓된 자책이므로 사탄의 계략에 놀아나서는 안 된다. 대개 후자의 경우가 많으며, 내 생각에 당신도 그중 하나일 것이다.

친구를 잃은 당신의 슬픔으로 보건대 그는 당신에게 한없이 소중한 존재였고, 당신은 지금이라도 할 수만 있다면 기꺼이 전 재산이라도 바쳐 그의 목숨을 살리려고 할 것이다. 아울러 당신에게 퍼붓는 사탄의 비난이 얼마나 근거 없는 것인지도 당신의 슬픔으로 미루어 알 수 있다. 당신은 얼마든지 진실을 따를 준비가 되어 있다.

변명 8 "하지만 내 고통에는 더 깊은 이유가 있다. 자녀나 친구가 영원에 들어갔는데 그의 영혼이 어떻게 되었는지 모르기 때문이다. 그가 그리스도와 함께 있다는 것만 확실하다면 내 마음이 편안할 것이다. 그 반대의 경우일까 봐 너무나 두렵다. 내게 그토록 소중한 사람이 영원히 저주받는다는 것은 생각만 해도 끔찍하다."

대응 1 정당한 반론이다. 사랑하는 사람의 영원한 상태에 대한 두려움은 정말 정당한 것이다. 하지만 그렇다 해도 당신이 주님과 논쟁하거나 그분께 불평하는 것은 천만부당한 일이다.

솔직히 이것은 아프고 무거운 시련이며, 경건한 사람의 영혼을 이보다 더 슬프고 침울하게 하는 일은 없다. 이에 비하면 차라리 상대의 죽음 자체는 사소한 일이다. 하지만 당신이 주님을 경외하는 사람일진대, 다음의 두 가지를 생각하면 그나마 침묵이라도 하게 될 것이다. 하나는 고인을 향한 그분의 절대 주권이고, 또 하나는 당신을 향한 그분의 과분한 사랑과 긍휼이다.

첫째, 고인을 향한 그분의 절대 주권이다. "이 사람아, 네가 누구이기에 감히 하나님께 반문하느냐."롬 9:20 사도는 지금 영원한 선택과 영벌의 문제를 논하고 있다. 우리에게 한없이 소중한 사람들에게 주님이 만일 은혜를 베풀지 않으신다면 어떤가? 그들이나 우리에게 그분이 잘못하신 것인가? 아론의 두 아들은 죄를 짓다가 현장에서 주님의 손에 직접 죽임을 당했으나 아론은 잠잠했다.레 10:3 하나님은 아브라함에게 이스마엘과는 언약을 맺으실 수 없다고 분명히 말씀하셨다. 그를 위해 간절히 기도했던 아브라함─"이스마엘이나 하나님 앞에 살기를 원하나이다."창 17:18─은 언약을 벗어나서는 구원이 없음을 알면서도 주님의 말씀에 묵묵히 따랐다.

둘째, 그것으로도 당신이 잠잠해지지 않는다면 당신을 향한 과분한 사랑과 긍휼을 생각해 보라. 당신이 뿌리째 찍혀 불에 던져지지 않았으니 하나님께 얼마나 큰 빚을 졌는가! 주께서 은혜로 당신에게 견고한 소망을 주시고 영원히 잘되게 하셨으니 말이다. 그러니 입을 다물어야 한다. 설령 두려움에 근거가 있을지라도 당신의 마음을 진정시켜야 한다.

대응 2 두려움의 근거를 기도하며 성찰해야 한다. 그것은 친구가 영원히 행복해졌으면 하는 당신의 강한 애착에서 비롯된 것일 수 있다. 또는 두려움의 근거가 사실이든 허구이든 어쨌든 당신을 위압하고 삼키려는 사탄의 교활한 수작에서 비롯된 것일 수도 있다. 다음 두 경우에 당신의 두려움은 순전히 사사로운 애착이나 사탄의 유혹에서 나왔을 가능성이 아주 크다.

첫째, 자녀가 어려서 죽은 경우다. 아이는 아직 당신의 소망을 무너뜨릴 만한 어떤 행동도 하지 않았다.

둘째, 자녀가 장성하여 소망의 근거를 상당히 보였으나, 생전에나 죽을 때나 은혜의 증거를 당신이 바라는 것만큼 확실히 표현하지는 않았다.

전반적으로 아이의 경우, 아이의 상태를 판단하는 것은 우리의 소관이 아니다. 언약에 들어와 있는 부모의 자녀는 자비를 입었다고 보는 것이 바람직하다. 성경은 그런 자녀에 대해 매우 우호적으로 말하고 있다.

좀 더 자란 성인의 경우, 세상의 타락과 죄를 멀리하고 신앙의 본분에 힘쓴 사람은 설령 당신의 바람만큼 겉으로 표현한

적이 없다 해도, 어린 아비야처럼 "여호와를 향하여 선한 뜻을 품었을" 수 있다.^{왕상 14:13} 당신이 그것을 보지 못했을 뿐이다. 부모의 권위를 존중하는 자세, 부끄러움과 염치를 아는 마음, 겸손한 성품, 기타 많은 모습 속에 은혜의 작고 미약한 씨앗이 숨어 있었을 수 있다. 아이 속에 그것이 있었는데 부모의 눈에 가려져 있었을 수 있다. 당신이 보지 못한 자녀의 모습을 하나님은 보실 수 있다. 그분은 작은 일의 날^{슥 4:10}이라고 멸시하지 않으신다.

어쨌든 더는 당신의 책임이 아니다. 당신이 할 일은 죽은 자녀의 상태를 판단하고 분간하기보다 오히려 이 고난을 통해 자신의 선을 이루는 일이다. 자녀의 상태는 당신의 소관이 아니라 하나님의 소관이다.

변명 9 "하지만 나는 상대를 향해 죄를 지었다. 하나님이 내 죄를 벌하셔서 그를 죽이신 것이다. 나는 그에게 지나치게 집착했고, 그를 우상화하는 죄까지 지었다. 당연히 애정을 바랐을 뿐 상대를 사랑하지 못했다. 최소한 영적으로도 마땅히 사랑해야 할 만큼 사랑하지 못했다. 그게 나의 죄다. 그를 향한 내 모든 불찰과 잘못 때문에 하나님이 이렇게 벌하신 것이다."

대응 1 사람을 상대하는 일에서 여러 가지 실패와 결함이 없이 완전히 성화된 사람은 아무도 없다. 사실 아무리 거룩한 사람이라도 다른 어느 부분 못지않게 이 부분에서 타락한 모습이 많이 드러나게 마련이다. 이런 실패를 자신의 탓으로 돌릴 뿐 아니라 하나님이 허락하신 사별 앞에서 그 실패를 극도로 증폭시키는 것은 양심상 아주 흔한 일이다. 따라서 이것은 당신과 같은 처지에 있는 사람들에게서 으레 볼 수 있는 일이다.

대응 2 정당한 반론이다. 정말 하나님이 당신의 죄 때문에 고난을 주셨고, 당신이 우상화하여 맹목적으로 사랑하던 위안을 가져가셨다고 하자. 그래도 당신이 고난 중에 낙심해야 할 이유는 없다. 이 모두는 필시 그분이 당신의 영혼을 사랑하고 돌보시는 결과이기 때문이다. 그분은 고난받은 사람들을 이렇게 위로하신다. "무릇 내가 사랑하는 자를 책망하여 징계하노니."계 3:19 차라리 하나님이 우상화된 기쁨을 은총 중에 앗아가시는 것이 에브라임의 경우처럼 당신에 대해서도 "그가 우상과 연합하였으니 버려 두라"호 4:17고 말씀하시는 것보다 훨씬 낫다.

하늘 아버지께서 지금 친히 당신의 어리석음을 매로 벌하시는 것이 어떤 사람들의 경우처럼 당신에 대해서도 이렇게 말씀하시는 것보다 낫다. "그냥 내버려두라. 나는 죄의 길로 가는 그를 막거나 책망하지 않겠다. 마지막 날에 지옥에서 그의 모든 죄를 한꺼번에 벌하겠다."

대응 3 지금 당신은 상대를 향한 사랑이 부족해서 본분을 다하지 못했다고 자책하고 있지만, 이별의 슬픔은 당신이 그에게 깊은 애정을 품고 있었다는 증거다. 하지만 당신의 사랑이 순수하고 영적이지 못하여 그를 하나님 안에서 사랑하고 즐거워하지 못했다면, 이는 분명히 당신의 죄다. 또한, 대다수 그리스도인의 죄이기도 하다. 우리는 모두 이 사실 앞에서 겸손해야 한다.

변명 10 "하나님이 내게 세상의 여러 외적인 위안과 재산을 복으로 주셨다. 그것을 자녀에게 남길 생각이었는데 이제 남길 대상도 없어졌고, 그런 것들이 전혀 위안으로 느껴지지도 않는다. 이 죽음 때문에 내 마음속의 목적이 다 무산되었고, 다른 모든 기쁨과 위안도 한순간에 의미를 잃었다. 오랜 세월의 고생과 수고가 물거품이 되고 말았다."

대응 1 하나님이 자녀와 재산을 둘 다 주지 않으셨거나 도로 가져가신 경우가 얼마나 많은가? 우리가 아는 사람 중에도 많이 있다. 그분이 그나마 외적인 위안을 남기셨다면, 당신은 거기서 그분의 선하심을 인정해야 한다. 자녀를 데려가셨다 해서 그런 위안까지 가볍게 여겨서는 안 된다.

대응 2 비록 당신의 자녀는 떠났지만, 세상에는 하나님의 자녀들이 많이 있다. 당신이 받은 복으로 그들의 배를 채워 줄 수 있다. 분명히 그들을 구제하는 것이 친자식에게 거액의 재산을 남기는 것보다 훨씬 훌륭한 일이다.

우리는 큰 재산을 쌓아 자식에게 물려 주라고 세상에 보냄을 받은 것이 결코 아니다. 그동안 당신이 그 일에 너무 열을 올렸다면, 이제 하나님이 그런 어리석음을 공정하게 책망하시는 것을 볼 수 있다. 아직도 구제를 통해 하나님을 훌륭하게 섬길 기회가 있음에 감사하라. 하나님이 당신의 유언을 집행

할 상속자를 데려가셨다면, 당신 스스로 유언을 집행하여 가난한 성도들에게 나누어 주면 된다. 그러면 망하게 된 사람들도 당신을 위하여 복을 빌 것이다.[욥 29:13]

변명 11 "하지만 내 아이의 재치 있는 말과 귀여운 행동을 생각하면 가슴이 아프다."

대응 1 자녀를 데려가신 하나님께 잔뜩 불만을 품기보다 오히려 그렇게 예쁜 자녀를 주신 그분을 진심으로 찬양하라. 세상에는 하나님에게서 지적 능력이 결핍된 자녀를 받은 부모들이 얼마나 많은지 모른다. 그런 자녀가 동물과 다른 거라고는 겉모양과 생김새뿐이다. 그런가 하면 성질이 비뚤어진 자녀는 또 얼마나 많은가? 그런 자녀에게서는 위안을 기대할 수 없다.

대응 2 그것 자체는 작고 하찮은 일이다. 하지만 사탄은 이 작은 일을 통해 큰 계략을 꾸며 당신의 영혼을 낙담이나 울분에 빠뜨리려 한다. 게다가 지금 당신이 할 일은 이게 아니다. 죽은 자녀의 말과 행동보다 당신이 마음을 써야 할 더 큰 일들이 있다. 이 고난에 대한 하나님의 목적을 살펴야 하고, 이를 통해 그분이 책망하시려는 불의를 없애야 하며, 하나님의 뜻 안에서 마음을 가라앉혀야 한다. 그것이 바로 당신이 할 일이다.

변명 12 "하지만 하나님이 고난 중에 내게 자신의 얼굴을 숨기신다. 안팎으로 캄캄하니 내 처지가 한없이 비참하다. 몹시 괴롭고, 버림받아 슬프다."

대응 1 당신이 바라는 것은 현재의 가시적인 위로이지만, 그래도 하나님이 은혜로 도우시니 감사할 이유가 있다. 비록 하나님의 얼굴빛은 당신에게 비치지 않아도 그분의 영원하신 팔이 당신을 품고 있다. 위로를 거두실 때도 하나님은 신실하게 당신을 돌보신다.

대응 2 환난 중에 하나님이 얼굴을 숨기시는 일은 새삼스럽거나 특이한 일이 아니다. 그분이 더없이 사랑하시는 성도들은 물론 그분의 친아들까지도 똑같을 일을 겪었다.

깊은 바다가 서로 불러 안팎으로 환난이 중할 때, 하나님의 아들 예수는 하나님의 달콤한 위로를 느끼지 못하셨다. 평소에 늘 그 위로의 힘을 영혼 가득히 느끼셨던 그분이 말이다. 그리스도께서 고난 중에 "나의 하나님, 나의 하나님, 어찌하여 나를 버리셨나이까"막5:34라고 부르짖으셨다면, 우리야말로 마치 이상한 일을 당하는 것처럼 놀랄 필요가 전혀 없다.

대응 3 혹시 하나님의 매에 복종하지 않는 당신의 태도 때문에 그분이 진노하셔서 얼굴을 숨기시는 것은 아닌가? 기도하며 잘 생각해 보라. 하나님이 당신에게서 고개를 돌리시는 이유는 아무래도 그것일 가능성이 가장 크다. 하늘 아버지께서 주시는 잔을 말없이 순순히 받아 마시라. 당신의 불의에 대한 벌을 달게 받으며 이렇게 고백하라. "여호와의 말씀이 선하도다. 이는 여호와이시니 그 뜻대로 하실 것이라." 그러면 금세 당신의 처지가 달라질 것이다. 하지만 우리의 마음이 소란스럽고 어수선하면 위로의 성령이 기뻐하시거나 쉬지 못하신다.

지금까지 나는 과도한 슬픔을 정당화하려는 가장 그럴듯한
몇 가지 변명에 대응해 보았다.

chapter 08

과도한 슬픔을 절제하는 원리

이제 이 책의 마지막 단계로 넘어가, 사랑하는 고인의 죽음을 과
도히 슬퍼하는 죄를 예방하고 해결하는 법을 알아보고자 한다.
물론 이 악에 빠지지 않도록 이미 많이 권고했고, 그 범위도 본
래 의도한 것보다 훨씬 넓어졌다. 그래도 이 병폐를 치유하기 위
해 몇 가지 도움과 지지를 더 제공하려고 한다. 그래서 다음과
같은 원리를 처방한다.

**원리 ❶ 현세의 기쁨을 상실하고서 과도히 애통하지 않으려면 그 기쁨
을 누리는 동안 그것을 과도히 즐기며 사랑하지 않도록 조심하라.**
강한 애착은 강한 고통을 낳는다. 산이 높을수록 골이 깊은 법이
다. 어떤 것을 기뻐하는 정도만큼 그것을 잃으면 슬퍼하게 마련
이다. 사도는 베드로후서 1:6에서 **절제**와 **인내**라는 두 가지 은혜

를 결합하고 있다. 반대로 무절제와 조급증이 얼마나 불가분으로 얽혀 있는지도 우리는 경험을 통해 분명히 알 수 있다. 아주 훌륭한 사람들도 마찬가지다. 창세기 37:3을 읽어 보라. "요셉은 노년에 얻은 아들이므로 이스라엘이 여러 아들들보다 그를 더 사랑하므로 그를 위하여 채색옷을 지었더니."

야곱은 요셉을 총애하여 지나친 애착을 보였다. 그의 목숨 자체가 아이의 목숨과 하나로 묶여 있었다. 아이가 죽었으리라는 소식이 전해지자 야곱은 어떻게 반응했던가? 34-35절에 나와 있다.

자기 옷을 찢고 굵은 베로 허리를 묶고 오래도록 그의 아들을 위하여 애통하니 그의 모든 자녀가 위로하되 그가 그 위로를 받지 아니하여 이르되 내가 슬퍼하며 스올로 내려가 아들에게로 가리라 하고 그의 아버지가 그를 위하여 울었더라.

자녀에 대한 과도한 사랑이 어떤 결과를 낳는지 여기서 똑똑히 볼 수 있다. 무절제한 사랑은 성화된 심령에도 이런 악영향을 미친다. 그러므로 세상 것들에 대한 기쁨과 슬픔에서 당신의 절제를 만인이 알게 하라. 대개 슬픔이 과해지는 것은 그만큼 기쁨이 과했기 때문이다.

원리 ❷ 사별의 슬픔에 짓눌리지 않으려면 상대가 살아 있을 때 꼼꼼하고 주의 깊게 그에게 본분을 다하라.

당신이 마땅히 해야 할 모든 본분을 가족이 곁에 있을 때 힘써 다해야 한다. 그렇게 했다고 양심상 말할 수 있다면, 그가 떠났을 때 당신의 슬픔은 훨씬 덜할 것이다. 우리의 짐이 그토록 무거워 지는 것은 고난 자체라기보다 고난의 때에 밀려드는 죄책감 때 문이다. 본분을 소홀히 했고 이런저런 죄를 지은 탓에 양심에 가 책과 찔림이 있다면, 죽은 친구를 바라보는 우리의 심정이 얼마 나 비참하겠는가! 친구의 시신을 보기가 너무 무서울 것이다!

양심이 둔하거나 죽지 않았다면, 이럴 때 양심의 소리가 정확 하다. 그러므로 편안하게 사별하거나 심판 때 다시 만나려면, 꼼 꼼하고 정확하고 용의주도하게 상대에게 당신의 모든 본분을 다하라.

원리 ❸ 사별의 고통에 짓눌리지 않으려면 고통 중에 하나님께 나아가 그분의 품에서 기도로 마음을 쏟아 놓으라.

그러면 아픔이 줄어들고 진정될 것이다. 기도라는 선물을 주신 하나님을 찬양하라! 모든 성도는 늘 기도에 얼마나 많은 신세를 졌던가! 특히 괴로워 마음이 무너질 때는 더 말할 것도 없다. 괴 로울 때 아내나 충실한 친구에게 고통을 쏟아 놓을 수 있다면, 그것도 어느 정도 위안이 된다. 하물며 은혜로우시고 지혜로우 시며 신실하신 하나님 앞에 우리의 불평을 토로한다면 더 위로 가 넘치지 않겠는가! 앞서 제6장(애통하는 신자들을 위한 위로)에 서 언급했던 거룩한 사람은 사랑하는 외아들을 잃었을 때 골방 에 들어가 주님께 자신의 영혼을 막힘없이 쏟아 놓았다. 그를 위 로하려고 아래에서 기다리고 있던 친구들은 그가 이 충격을 어떻게 감당할지 걱정되었다. 그런데 기도를 마친 그는 밝은 얼굴로 나와 이렇게 말했다. 주님과 단둘이 있으며 맛본 이런 위안을 누릴 수만 있다면 날마다 아들을 잃어도 족하다고 말이다.[33]

그리스도인이여, 어둡고 침울한 날에 하나님께 나아가 무릎을 꿇어라. 잠시 모든 것을 떠나 어떤 방해도 없이 하나님과 단둘이 있어라. 그분 앞에 마음을 쏟아 놓고, 상한 심령으로 모든 죄를 솔직히 고백하라. 당신 자신을 이번 아픔은 물론 지옥까지 내려가도 마땅한 사람으로 여기라. 반면에 따끔한 매를 드신 하나님을 옳으신 분으로 인정하라. 이 고통 중에 당신을 영원하신 팔로 품어 달라고 기도하라. 한 번의 미소와 한 번의 은혜로운 눈빛으로 당신의 어둠을 밝혀 주시고, 축 처진 심령에 기운을 달라고 간구하라.

선지자와 함께 이렇게 고백하라. "주는 내게 두려움이 되지 마옵소서. 재앙의 날에 주는 나의 피난처시니이다."[렘 17:17] 그렇게 할 때 어떤 위안이 오는지 보라. 당신이 진실한 마음으로 이 길을 간다면, 틀림없이 당신도 그 거룩한 사람처럼 이렇게 고백할 수 있다. "내 속에 근심이 많을 때 주의 위안이 내 영혼을 즐겁게 하시나이다."[시 94:19]

원리 ❹ 사별의 슬픔을 적절히 감당하려면 고난의 전체 과정에서 부차적 원인과 환경보다 하나님을 더 바라보라.

"내가 잠잠하고 입을 열지 아니함은 주께서 이를 행하신 까닭이니이다."[시 39:9] 이번 일 전체에서 주님의 손을 생각하되, 특히 다음과 같이 생각하라.

첫째, 그분의 손은 주권적인 손이다. 그분은 당신의 허락이나 동의 없이 당신과 당신의 모든 위안을 마음대로 처분하실 권리가 있다.욥 33:13

둘째, 그분의 손은 사랑으로 신실하게 당신을 징계하시는 아버지의 손이다. "대저 여호와께서 그 사랑하시는 자를 징계하시기를 마치 아비가 그 기뻐하는 아들을 징계함 같이 하시느니라."잠3:12 고난은 당신을 영원히 잘되게 하시려고 아버지께서 손에 드시는 사랑의 매다. 고난을 그렇게 볼 수만 있다면, 당신은 아주 평안해질 것이다!

고난 덕분에 당신의 마음이 하나님께 더 가까워지고 헛된 세상에 대해 더 죽는다면, 틀림없이 그것은 그분의 손에 들린 특별한 사랑의 매다. 고난의 결과로 당신이 하나님을 사랑하게 된다면, 틀림없이 그것은 당신을 향한 하나님의 사랑에서 비롯된 것이다.

셋째, 그분의 손은 옳고 의로운 손이다. 이 고난은 당신이 자신의 어리석음 때문에 자초한 것이 아닌가? 당신에게 무슨 일이 닥치든 주님은 옳으신 분이다. 그분이 무슨 일을 하셨든, 당신에게 잘못하신 것은 하나도 없다.

넷째, 그분의 손은 절제와 자비의 손이다. 당신의 불의대로 하자면 더 큰 벌을 받아 마땅한데, 그분이 정도를 낮추셨다. 공정하게 하자면 당신을 지옥에 던지셔야 하는데, 이 정도의 고난만 주신 것이다. 당신이 망하지 않고 이렇게 있는 것은 주님의 자비

덕분이다. "살아 있는 사람[이]……어찌 원망하랴." 애 3:39

원리 ❺ 고난을 적절히 감당하려면 다른 사람들의 고난과 비교해 보라. 그러면 당신의 심령이 크게 진정될 것이다.

당신은 "하나님이 나를 심히 괴롭게 하셨다"든지 "나처럼 고통받은 사람은 없다"고 말할 근거가 없다. 주변을 둘러 보며 다른 사람들이 처한 상황을 공정하게 따져 보라. 그들은 어떤 면에서도 당신보다 못난 사람들이 아니다. 당신은 사랑하는 자녀를 하나만 잃었으나, 아론과 욥은 각각 한꺼번에 둘과 전부를 잃었다. 그것도 두 경우 모두 하나님이 그분의 손으로 직접 치셨다. 어떤 경건한 부모들은 자녀가 죄를 지어 법의 심판을 받고 죽는 것을 보았다. 자녀의 삶이 하나님을 욕되게 하는 것을 보며 마음이 미어진 부모들도 있다. 이런 부모들은 욥의 말처럼 차라리 자녀가 태에서 죽어 나오거나 해산할 때에 숨졌다면 욥 3:11 오히려 그것을 은총으로 여겼을 것이다.

이렇듯 어떤 부모들은 자녀가 비참해질 대로 비참해진 모습을 보았다! 비참하고 끔찍한 광경이 부모의 눈앞에 수없이 벌어지도록, 하나님이 자녀를 대롱대롱 붙들고 계셨다. 그래서 그들은 주님께 차라리 손을 놓아 자녀를 죽여 달라고 간절히 기도했다. 허구한 날 그 끝없는 고통 속에 뒹구는 자녀의 모습을 보다 보니, 차라리 죽음은 그들이 보기에 아무것도 아니었다. 오, 당신은 다른 사람들에게 주어진 잔이 얼마나 쓴지 모른다! 거기에 비교해 본다면 반드시 당신의 입에서 "주께서 나를 너그러이 대하시고 은혜를 베푸셨다"는 말이 나올 것이다.

원리 ❻ 슬픔을 도지게 하거나 조바심을 자극할 만한 것이라면 무엇이든 신중히 피하고 멀리하라.

슬프게 하는 물건을 보거나 그것에 관해 대화하여 당신의 슬픔을 키우지 말라. 그런 것들을 애써 피하라. 원수 마귀는 당신의 마음을 죄에 빠뜨리려고 자꾸 그런 기회를 들이밀 것이다.

　라헬은 아기를 낳다 죽으면서 아기의 이름을 "내 슬픔의 아들"이라는 뜻의 "베노니"라 지었다. 앞서 말했듯이 야곱이 아이를 그 이름으로 부르지 않은 데는 이유가 있다. 그렇게 불렀다면 사랑하는 아내를 사별한 아픔이 날마다 되살아났을 것이다. 그래서 그는 아이를 "베냐민"이라 불렀다.

　당신의 조바심은 부싯깃이나 화약과 같다. 불똥이 그리로 튀지 않게 막을 수만 있다면 큰 위험이 없다. 하지만 그런 위험 물질을 마음속에 품고 다니면 아무리 조심해도 불똥을 막을 수 없다. 원망도 하나님을 모독하는 생각과 똑같이 처리하라. 생각의 방향을 완전히 바꾸어 조금도 빌미를 주지 말라.

원리 ❼ 친구의 죽음에 대해 원망이 싹틀 때 진지하게 생각해야 할 것이 있다. 당신의 죽음도 다가오고 있으며, 당신과 친구 사이를 가르고 있는 시간은 찰나와 순간에 지나지 않는다. "나는 그에게로 가려니와."삼하 12:23

자신의 죽음이 다가오고 있음을 생각하면 정말 앞서간 고인에 대한 슬픔이 크게 줄어들 것이다. 우리는 세상에서 꽤 오래 살 것처럼 생각하는 경향이 있다. 그럴수록 위안거리의 상실은 견딜 수 없는 일이 된다. 상대에게서 삶의 재미와 위안을 실컷 얻으려고 마음먹고 있었기 때문이다. 하지만 자신의 죽음을 좀 더 자각하면 상대의 죽음에 지금처럼 깊이 함몰되지 않을 것이다. 자신의 무덤을 더 진지하게 볼 수만 있다면 친구의 무덤을 더 담담하게 바라볼 수 있을 것이다.

이로써 누가복음의 본문 말씀을 바탕으로 내가 계획한 일을 모두 마쳤다. 낙심한 사람들을 위로하시는 일은 자비의 아버지시요 모든 위로의 하나님이신고후1:3 그분만의 특권이다. 그 하나님이 그분의 모든 진리를 당신의 마음속에 영원히 새겨 주시기를 바란다. 그리하여 당신의 무질서한 애정이 하나님의 뜻에 가장 합당한 상태로 조절되기를 바란다. 그 뜻에 따르고 복종하기로 한 당신의 고백대로 되기를 바란다.

1. 원문에는 이렇게 되어 있다. "극진히 사랑하는 형제와 자매인 J. C. 씨와 E. C. 여사에게, 저자는 은혜와 자비와 평강이 함께하기를 빕니다."

2. 자녀를 향한 부모의 마음이야말로 가장 질긴 애착의 끈이다. 메난드로스 (Menandros, BC. c. 342-c. 292), 『그리스어 주석』(Græc. Com.).

3. 꽃다운 청춘의 나이에 스러졌으니 어머니가 더 애통할 수밖에 없었다. 아이 때부터 지금까지 부모가 정성과 수고를 다해 기른 아들이었다. 디오니시우스 카르투시오(Dion. Cat. 1402-1471), 『그리스어 주석』.

4. 플라벨은 사별을 모르는 사람이 아니었다. 네 아내 중 셋을 땅에 묻었고, 갓난 아기도 그중 하나와 함께 묻었다. 네 번째 아내만이 그보다 오래 살았다.

5. 그가 외아들이 아니었거나 어머니의 슬픔을 달래줄 다른 자식이 있었다면, 그 녀도 이 죽음을 좀 더 의연히 견뎌냈을 것이다. 암브로시우스(Ambrosius, 340-397).

6. 외아들보다 더 귀한 것은 없기에 그의 죽음은 가장 큰 슬픔이라 부를 수밖에

없다. 디오니시우스 카르투시오, 『그리스어 주석』.

7. 이 아들은 이중으로 어머니에게 더없이 귀한 존재였다. 그는 외아들이었을 뿐 아니라 과부인 어머니를 위로하고 부양할 사람이었다. 요하네스 피스카토르 (Piscator, 1546-1625), 『그리스어 주석』.

8. 흔히 새해 첫날에 주는 개시(開始)의 선물.

9. 인생이 얼마나 길고 얼마나 짧을지는 신비로 남아 있다. 그래야 우리가 죽음을 덜 두려워하며 잘 살 수 있다.

10. 미래의 부활을 알리는 소중한 모형이다. 칼뱅(Calvin), 『그리스어 주석』.

11. 무엇이든 내게 있을 때 불같이 사랑할수록 그것을 잃으면 쓰라리게 애통하는 법이다. 성 그레고리 대제(Pope Gregory I, 540-604), 『욥기의 윤리문제』 (Gregory on Job).

12. 곧, 그때가 단축되었다(고전 7:29).

13. 토머스 브라이트먼(Thomas Brightman, 1562-1607).

14. "하나님의 궤를 말할 때." 곧, 보고를 다 듣지 않고 거기까지만 듣고도 미리 결론을 내다보았다는 뜻이다. Meteoz., 『그리스어 주석』.

15. 세상 근심은 세상의 방식대로 하는 근심으로, 세상을 사랑하는 마음에서 비롯된다. 에스티우스(Willem Hessels van Estius, 1542-1613), 『그리스어 주석』.

16. "과도히 우는 너에게 이 말을 쓴다. 나야말로 슬픔에 짓눌린 사람들의 선례가 되었다만(늘 그것을 싫어하면서도), 지금은 나의 그런 무리한 행위를 자책하고 있다." 세네카(Seneca, BC. 4-AD. 65), 『편지』 63, 「친구를 잃은 슬픔에 관하여」(On Grief for Lost Friends).

17. 슬픔 자체에 모종의 쾌감이 있다. 죽은 자녀의 즐거운 말, 밝은 대화, 효심을 떠올리면 부모는 기쁨을 느끼며 기운이 되살아난다. 세네카, 『편지』 99.

18. 자신을 불쌍히 여기지 않는 가련한 죄인보다 더 불쌍히 여겨야 할 대상은 없다. 아우구스티누스(Augustinus), 『고백록』(Confessiones) I, 13, 20.

19. 곧, 아기를 낳을 때가 되면.

20. 세네카, 『편지』 99.

21. 플루타르코스(Plutarchos, c. 46-c. 120), 『윤리론집』, 「자녀 사랑에 관하여」 (Moralia, De Amore Prolis).

22. 필연의 법칙이니 담담한 마음으로 받아들이라.……당신 외에 얼마나 많은 사람이 슬퍼해야 하는가? 세네카, 『편지』 99.

23. 조셉 카릴(Joseph Caryl, 1602-1673), 『욥기 주석』, 욥 5:26 주해.

24. 세네카, 『편지』 63.

25. 멜키오르 아담(Melchior Adam, 1575-1622), 『루터의 생애』(Life of Luther).

26. 아우구스티누스, 『편지』 6.

27. 매튜 미드(Matthew Mead, 1630-1699), 『솔로몬의 처방』 부록(Appendix to Solomon's Prescription), 1-2쪽.

28. 『성경의 성취』(The Fulfilling of the Scripture).

29. 세네카, 『편지』 63.

30. 멜키오르 아담, 『루터의 생애』.

31. 『존 제인웨이 씨의 생애』(Life of Mr John Janeway)에 실린 리처드 백스터(Richard Baxter)의 서문을 참조하라.

32. 세네카, 『편지』 63.

33. 이 책 105쪽을 보라.